AF452373

COMÉDIES NOUVELLES

MÊLÉES DE COUPLETS

AVEC PLUSIEURS PIÈCES DE VERS

COMPOSÉES PAR

M. Félix PERDU

PRIX : 1 Franc.

PARIS

IMPRIMERIE DE ALPHONSE AUBRY ET Cie

Rue de l'Église-Vaugirard, 6.

1862

DÉDIÉ A SA MAJESTÉ LOUIS-NAPOLÉON.

————⚬⚬✥⚬⚬————

SIRE ,

Napoléon, des Français l'espérance,
Napoléon , illustre conquérant,
Napoléon d'un Dieu eut la puissance ;
On écrira : Napoléon-le-Grand !
Combien de fois, en voyant ta bannière ,
Un roi pâlit de frayeur et d'effroi !
Tu dominas dans la nature entière :
Tout l'univers fut soumis à ta loi ! ·

Napoléon, plongé dans l'infortune,
A Sainte-Hélène était plus grand qu'un roi.
Sur un rocher, au milieu de Neptune,
A son pays il consacrait sa foi :
Là, son regard s'étendait sur la terre,
Souvent pleurait en prévoyant nos maux :
France chérie, ô toi, ma noble mère,
Tu gémiras sous tes nouveaux drapeaux !

Napoléon, ton nom est dans l'histoire,
Et tes hauts faits sont gravés dans nos cœurs ;
Pour célébrer ton immortelle gloire,
Nous écrirons : Au vainqueur des vainqueurs !
Chaque Français, dont l'âme est ennoblie,
Devant ton nom se prosterne humblement ;
L'on rend hommage à ton noble génie :
Hommage à toi . Napoléon-le-Grand !

Napoléon, ta gloire est plus sublime,
Quand tu dotas un peuple malheureux
D'un culte aimé d'un Seigneur magnanime,
Qui sut mourir pour nous ouvrir les Cieux !
Après ta mort, Dieu, pour ta récompense,
Te place au ciel dans sa félicité !
Du haut des cieux, protége notre France,
Veille sur nous, sur ta postérité !

LES MERVEILLES DE LA NATURE.

La terre est verdoyante,
Le soleil rayonnant,
La campagne charmante,
Et le jour éclatant.
Tout est dans l'allégresse :
L'alouette a chanté,
L'hirondelle se presse
A l'aspect de l'été !
Tout s'enivre et s'agite.
Tout respire un bonheur :
La simple marguerite
A fait bondir mon cœur !
Salut, belle prairie,
OEuvre du Tout-Puissant ;
Merveille de la vie,
Beau soleil bienfaisant !
Charme de la Nature,
Tu éblouis mes yeux ;
En voyant ta structure,
Je contemple les Cieux !
Là, mon regard s'arrête,
Mon sein a palpité ;
Mon esprit s'inquiète
De cette immensité !....

LE ROI DE BENIN

COMÉDIE EN 3 ACTES MÊLÉS DE CHŒURS

Tirés de *l'Histoire du Capitaine Landolphe.*

PERSONNAGES :

Le Roi de BENIN.
Le Capitaine LANDOLPHE.
Un Lieutenant.
Le Capitaine des guerres,
GUSTAVE, jeune Colon,
GUILLEAUME,
Un Matelot.
CUPIDON.
PAULINE.
PHISIDORS, PASSADORS.
Nègres et Négresses.

INDICATION :

La Scène représente un riche Plateau, orné de plusieurs plantes méridionales, telles que Cocotiers, Dattiers, Grenadiers, Orangers, etc.

Guilleaume et Pauline sont sur le devant de la Scène. — Leurs vêtements sont en désordre.

SCÈNE Ire.

GUILLEAUME.

Mon Dieu, pourquoi ai-je quitté mon village,
Et débarqué dessur ce sol maudit,
Où l'on ne voit partout que le Sauvâge
Mourir de faim, de tristesse et d'ennui?
Pauvre Ch-aint-Floure, ah ! que je te regrette !
Femme, mon chien et mes meilleurs amis !
Guilleaume, hélas ! tu vas devenir bête
Pour l'agrément d'avoir vu du pays !
Hélas ! qué-che que je vâs devenir ?..

PAULINE.

Adieu Paris, séjour de mes délices ;
Ton Opéra, danse et le séducteur,
Brillants atours, apanages d'actrices
Charmaient mes yeux, réjouissaient mon cœur !
Hélas ! pourquoi ai-je rêvé l'opulence,
Pour vivre ici ! Bientôt mourir de faim...
Les naufragés implorent ta clémence,
Être éternel ; protége le chrétien !

(*Ensemble.*)

Les naufragés implorent ta clémence,
Être éternel ; protége le chrétien !

PAULINE.

Quel affreux malheur !.. Faire naufrage dans un pays
inconnu, peut-être inhabité ; servir de proie aux animaux
féroces de cette contrée ; coucher sans abri !.. Oh ! Paris,
ville enchanteresse, pourquoi ai-je quitté tes fêtes brillantes,

tes soirées animées par le bon goût de la société, tes places étincelantes de lumières, tes monuments gigantesques, qui parent avec orgueil ton front d'émeraude, et te fait saluer reine du monde; ton opéra, où plus de mille couronnes faisaient l'apanage de ma gloire et de mes nombreux succès; l'ardeur de ces courtisans, qui m'offraient la richesse en échange d'un sourire; ils se prosternaient à mes pieds, et me proclamaient la déesse de la danse... (*Soupirant.*) Auréoles de ma gloire, vous me fuyez pour toujours .. Aussi, pourquoi ai-je cédé aux instances de M. Gustave? Mais il était si engageant !.. Venez, me disait-il, reine de la danse; votre grâce m'enchante, et je veux, désormais, que vous viviez en princesse. Vous partagerez un revenu de cent mille livres; vous aurez des esclaves de votre sexe; vous serez, enfin, comblée d'honneurs et de respects. Des promesses aussi séduisantes ne pouvaient moins faire que de me causer de la joie. M. Gustave était fort gentil homme, d'un extérieur parfait, galant, sensible; enfin, je quittai Paris pour vivre paisible et heureuse; mais, pour arriver à ce trône de la splendeur, il fallait traverser des mers, et le ciel ne permit pas que mon bonheur fut accompli. Pauvre Gustave, toi qui, dans les derniers instants de notre traversée, disait avec transport : Encore un peu de courage, et vous aurez la terre promise !

GUILLEAUME.

Compte bien tes amours; dans quelques instants, la présence de quelques bêtes finira tes réflexions !

PAULINE.

Deuil de tout espoir ! La mer est mugissante...; les vagues agitées viennent se briser avec force sur notre navire, et menacent de le renverser. Le ciel, obscur, fut aussitôt illuminé par un million d'éclairs, précédés du bruit effroyable de la foudre... Un vent impétueux vint sans pitié précipiter notre bateau sur un rocher ! Ce choc terrible fut suivi du cri de mort ! Je fermais les yeux, afin de ne pas voir cette scène horrible....; mais, lorsque je les rouvris...., j'étais sur cette côte ! Dieu ne voulut sans doute pas que je partageasse le sort de mes infortunés compagnons... Mais, maintenant, que faire, que devenir ?

GUILLEAUME.

Oui, je voudrais bien que vous me diziez châ !

PAULINE.

Si Gustave était avec moi, il pourrait me défendre contre la fureur des animaux qui nous environnent; mais non ! je suis contrainte de vivre avec tout ce qu'il y a de plus commun sur terre...; un porteur d'eau, qui n'a pas même le courage de se défendre !

GUILLEAUME.

Dites donc, mam'zelle, est-ce que ch'est vrai comme châ, qui n'y a, dans chais pays, des hommes noirs qui dévorent les blancs?

PAULINE.

Certainement ! je crois même que nous sommes environnés de ces hommes... On les appelle anthropophages ! Ils attachent leurs prisonniers, puis ils font un grand feu, autour duquel ils se rassemblent ; et, après la danse d'usage, ils s'élancent sur leurs victimes, et les dévorent...

GUILLEAUME.

Fichetrâ ! je voudrais bien m'en aller !

SCÈNE IIᵉ.

GUILLEAUME, PAULINE, CUPIDON , NÈGRES. NÉGRESSES.

CUPIDON.

Accourons porter secours à ces blancs !

GUILLEAUME.

Voici les anthropothages ! Je suis perdu... *(Il se cache.)*

PAULINE.

Voici l'heure de la mort ou de la délivrance !..

CUPIDON.

(Allant à Guilleaume)

Blanc, qui es-tu ?

GUILLEAUME, *toujours le visage à terre.*

Blanc ! je ne suis pas blanc...

CUPIDON.

Blanc, de quel pays es-tu ?

GUILLEAUME.

Blanc..., blanc... ; mais je te dis que je suis noir...

CUPIDON.

Que m'importe ta couleur ? Je demande ta patrie !

GUILLEAUME.

Je suis noir de l'Auvergne, barbare !

CUPIDON.

De l'Auvergne ! connais pas !

(Guilleaume tremble de frayeur.)

CUPIDON, *aux Nègres.*

Il a froid, cet homme ; allumez vite du feu !

GUILLEAUME.

Je suis fricassé !

CUPIDON.

Et vous les chaufferez... comme il faut !

GUILLEAUME.

Oui, pour mieux m'engouler, bestial que vous êtes !

CUPIDON, *allant à Pauline. (Même jeu.)*

Blanc, de quel pays es-tu ?

PAULINE.

Je suis Française, monsieur !

GUILLEAUME, *tremblant toujours.*

Si je pouvais donc me sauva...

PAULINE.

Ah ! monsieur, de grâce, ne me faites pas de mal !

CUPIDON.

Bon Français, toi bien froid; toi chauffer beaucoup fort !

GUILLEAUME.

Oui, va, chauffer beaucoup fort...; ils vont te faire cuire !..

CUPIDON *conduit Pauline près du feu.*

GUILLEAUME.

Si je faisais le mort, pendant qu'ils vont manger l'autre !

(Il se couche sur la Scène.)

CUPIDON, *allant à Guilleaume.*

Allons, Blanc, viens chauffer toi !

GUILLEAUME.

Je suis roucheti !..

CUPIDON *(aux Nègres).*

Allons, vous autres, venez m'aider ; cet homme est malade !

PAULINE.

Ils vont me manger !.. et personne pour me secourir !..

CUPIDON *(à Guilleaume).*

Allons, Français, courage ; on va bien chauffer vous !..

GUILLEAUME *(criant).*

Puisque je suis mort, fichetra de bougrrri !

CUPIDON (*frottant Guilleaume*).

Vite, près du feu...; car il va mourir !..

GUILLEAUME.

Là, là, là, là..., les anthropotages. (*Il se débat.*)

PAULINE (*pleurant*).

Je me résigne à mon sort..., pourvu qu'il me fasse mourir avant de me livrer aux flammes !..

GUILLEAUME *est près du feu; les Nègres le frottent.*

Au secours ! à la garde ! ils m'assaisonnent !

CUPIDON.

Laissez-le en repos. Je cours prévenir Mgr que deux Français malades sont à notre rivage!

GUILLEAUME.

Ils sont allés chercher leur chef pour prendre sa part du festin ! (*A Pauline.*) Mademoiselle , voici le moment de se montrer... Sauvons-nous, avant que ces voraces ne reviennent !..

PAULINE.

Être mangée par des hommes, ou servir de proie aux animaux, voici le choix qu'il nous reste ; je préfère rester ici, attendre ce chef barbare ! Je me jetterai à ses pieds ; peut-être que mes larmes pourront l'attendrir !

GUILLEAUME.

Je m'en va toujours me déguiser en Nègre. (*Il sort, en courant par la droite.*)

SCÈNE IIIe.

PAULINE, LE CAPITAINE DES GUERRES, CUPIDON, NÈGRES.

CHŒUR.

A la puissance, honneur, honneur !
Gloire au capitaine de guerre;

Rendons hommage à sa valeur ;
Il est le héros de la terre ! (*Reprise.*)

(A son entrée, et pendant le chœur, tous les personnages
courbent les genoux, et inclinent leurs visages.)

PAULINE (*à genoux*).

Grâce, grâce, Monseigneur ! épargnez une jeune fille,
qui se fera votre esclave !..

LE CAPITAINE, *ému*.

Relevez-vous, mon enfant, et n'ayez point d'alarmes ;
votre douleur me fait souffrir ! Si nos rivages vous épou-
vantent, sachez que nous avons des cœurs. Ne craignez donc
pas de nous aucune action illégitime ou déshonnète... ; car
ce peuple, que vous voyez avec épouvante, remercie le ciel
de vous avoir envoyé dans son sein, pour lui procurer le
plaisir de vous combler de ses bienfaits ! Cette crainte serait
une injure à mes yeux, ainsi qu'à ceux du roi mon maître !

PAULINE.

Ah ! merci, Monseigneur ! tant de noblesse et de bonté
ne s'effaceront jamais d'une mémoire reconnaissante !

LE CAPITAINE.

Je n'ai pas droit à votre reconnaissance : l'hospitalité est
un devoir sacré pour tous les hommes, et quiconque l'oublie
est indigne de vivre ! Je ne fais donc pour vous que ce que
vous feriez pour moi.

PAULINE.

A ces accents je n'ose encore y croire ;
Tant de bontés, de grâces, et tant d'attraits !
Homme bronzé, ton cœur est plein de gloire !
Sois immortel pour tes touchants bienfaits !

Que je voudrais être reine puissante;
Car je pourrais au moins récompenser
Ta charité, ton âme bienfaisante ;
Près de mon trône on te verrait placé ! *bis.*

LE CAPITAINE.

Rien de ces dons ne me ferait envie ,
Rien de ces biens qui me sont désirés!
Ne doit-on pas chacun, dans cette vie,
Rendre service aux pauvres éplorés?
A ce devoir je me consacre, amie,
Et suis heureux lorsque je fais le bien !
Tu pourras dire à ceux de ta patrie .
Qu'un homme noir peut être un homme humain !

Voyons, mon enfant, racontez-moi quel était le sujet
de votre crainte.

PAULINE.

Puisque Monseigneur le désire, je vous avouerai, malgré
ma honte, qu'en apercevant des hommes noirs sur cette île,
nous eûmes peur de tomber dans un de ces pays où la fé-
rocité des hommes rivalise avec celle des animaux sauvages,
et je croyais que mon dernier jour allait s'accomplir au
milieu des flammes...

LE CAPITAINE, *souriant.*

Cela ne m'étonne plus. Vos larmes étaient le témoignage
de la crainte. *(Se reprenant.)* Mais, où est donc votre com-
pagnon ?

PAULINE.

Monseigneur, il fut tellement effrayé de voir allumer du
feu, qu'il s'est enfui ; car il partageait mes craintes !

LE CAPITAINE.

Le malheureux ignore sans doute que ces contrées sont peuplées de reptiles, et qu'il est dangereux de les parcourir sans être armé. *(A Cupidon.)* Courez chercher cet homme ! *(A Pauline.)* Pauvre jeune fille, elle est encore pâle de frayeur !

SCÈNE IV.

LES MÊMES. GUILLEAUME. CUPIDON. NÈGRES.

(Guilleaume est porté par des Nègres; il a le visage noirci, et fait de violents efforts pour se dégager.)

GUILLEAUME.

Mais puisque je vous dis que je suis aussi noir que vous ! *(Il fait des efforts.)*

LE CAPITAINE, *souriant.*

Mais pourquoi vous êtes-vous ainsi barbouillé ?

CUPIDON

Seigneur, nous l'avons trouvé en train de manger du charbon. Il ne voulait pas se rendre à vos ordres ; et comme il insistait, nous avons été forcés de l'emporter.

LE CAPITAINE, *à Guilleaume.*

Approchez, mon ami !

GUILLEAUME.

Ah ! mouchia..., ne m'engoulez pas, pour l'amour de moi !

LE CAPITAINE.

Rassurez-vous, mon garçon ; dans le royaume du Benin, l'on ne mange que ce que la terre produit, et les animaux que Dieu créa pour la nourriture des hommes.

GUILLEAUME.

Il serait vrai que je ne serai pas mangea? Fichetra de la Catherina..., je change de couleur. (*Il se frotte le visage.*)

PAULINE.

Que Monseigneur daigne excuser la liberté de cet homme. Sortant d'une famille obscure, il ne peut connaître les usages du monde, et le respect dû à votre seigneurie.

LE CAPITAINE.

J'aime cette liberté d'esprit, cette franchise. (*Se reprenant.*) La volonté du roi mon maître m'enjoint de vous prier de l'attendre en ces lieux ! (*On annonce le roi.*)

SCÈNE V.

Le roi est porté dans un riche palanquin. — Il est accompagné des grands de sa cour. — Le capitaine remonte la scène, se prosterne ; tous les sujets se prosternent. — Musique des Naturels au fond.

LE ROI.

Je viens d'apprendre que la Providence vous avait préservés de l'antre de la mer. Je remercie l'Être suprême de vous avoir conduit sur mes terres, et je ferai tout ce qu'il dépendra de moi pour vous rendre ces lieux agréables. Espérez, mes chers amis, qu'une heureuse circonstance se présentera pour vous rendre dans votre belle patrie !

GUILLEAUME, *agitant son chapeau.*

Vive le roi noir !

PAULINE.

Croyez, Sire, que nous saurons nous rendre dignes de l'intérêt que vous nous témoignez ! Les sentiments de compassion de votre cœur rendent immortel un roi dont l'âme est aussi généreuse que sa puissance est grande !

GUILLEAUME.

Oui, et moi, je le dirai à tout le monde..., même au curé de nochtre paroisse !

LE ROI.

Je suis enchanté des compliments de ces braves gens ; les Français seront toujours les premiers peuples de la terre ! *(Au capitaine.)* Ces gens logeront dans mon palais, et feront honneur à ma table !

LE CAPITAINE, *s'incline.*

Sire, selon vos ordres.

LE ROI *fait signe aux musiciens nègres.*

PAULINE.

Quelle étrange musique ! *(A part.)* Les sourds seraient capable d'entendre !

LE CAPITAINE.

Cette musique ne vous plaît pas, sans doute?

PAULINE.

Au contraire, Seigneur...Cependant, je vous avouerai que la danse me paraît assez singulière...

GUILLEAUME *(à part).*

Ils seraient capables de faire dansa les loups de l'Auvergne !

LE ROI.

Je suis bien désireux de voir danser des blancs !

PAULINE.

Sire, il est en mon pouvoir de combler vos désirs !

LE CAPITAINE *fait remonter les spectateurs. —Musique à l'orchestre.*

PAULINE *salue le public, le Roi, puis exécute quelques entrechats.*

GUILLEAUME *s'élance dans le centre, et danse en chantant :*

Moi, je sais dansa
Un joli quadrille;

Gros garçon bon drille,
Moi je sais dansa
Comme un Auvergnat !
Tra la la la la la lère,
Tra la la la la la ;
Ziou la Catarina !
Si l'on veut dansa,
Faut que la musette
Dans l'écho répète ;
Car on ne peut dansa
Sans s'accompagna !
Tra la la la, tra la lère ;
Tra la la la la la la là,
Ziou la Catarina !

(Il prend Pauline.)

Mais pour mieux dansa,
Il faut une fille
Grosse et bien gentille ;
Car on n'peut dansa
Sans être embrassa ! (Il l'embrasse.)
Tra la la la, la la la lère,
Tra la la,
Ziou... la soupe à la farine !

LE ROI fait présent d'un collier en corail à Pauline.
(A Guilleaume.)

Un simple présent ne saurait te récompenser. Un homme aussi savant que toi est digne d'être placé parmi les grands de mon royaume ; et, dès aujourd'hui, je te fais passador. (S'adressant à ses suivants.) Vous reconnaîtrez cet illustre danseur...

GUILLEAUME, *à part.*

Passador..., c'est un drôle de titre, chà. J'avais mon chien qui s'appelait Médor... Est-ce que par hasard... Hum !

LE ROI.

Allons, Messieurs, au palais !

GUILLEAUME, PAULINE, *ensemble.*

Fêtons, en ce jour,
Notre délivrance !
Le Roi, plein d'amour,
Notre Providence !

CHŒUR, *tous.*

Fêtez, en ce jour,
Votre délivrance !
Le Roi, plein d'amour,
Notre Providence !

Fin du premier acte.

ACTE II.

SCÈNE Ire.

GUSTAVE, UN MATELOT. *(Gustave traîne un énorme serpent, qui a la tête fracassée.)*

GUSTAVE.

Mes recherches ont été infructueuses ! Aucune trace d'êtres animés sur ce rivage ! Quoi ! il faudra donc envisager avec calme cet affreux malheur ! Il faudra voir en souriant s'engloutir plus de cent chrétiens dans les profondeurs de la mer ? Perdre, en un jour, ce qui fait le bon·

heur de la vie ! O destin cruel, pourquoi n'as-tu pas brisé mon existence ?.. Non, mieux vaut la torture ! (*Avec exaltation.*) Amour..., Pauline..., auteurs chéris de mes rêves !.. Toi qui faisais ma gloire et mon bonheur, pour qui j'étais fier d'être riche et honoré; toi dont la vertu, la candeur, te plaçais à l'égal des Anges ! (*Avec désespoir.*) tu as disparu pour toujours, sans que je puisse entendre ta voix, sans pouvoir disputer ta vie, ou mourir avec toi. (*Il pleure.*)

LE MATELOT, *essuyant une larme.*

Pauvre jeune homme ! je pleure d'attendrissement. (*Allant à lui.*) Allons, Monsieur Gustave, il faut oublier le passé, et triompher de votre chagrin. Qui sait? tout espoir n'est peut-être pas perdu ; la Providence est toute puissante...

GUSTAVE.

Oublier... Ami, pourquoi toujours ce mot? Ma douleur finira dans la tombe. Et s'il est vrai que le ciel nous réunisse, ce sera dans ce monde que je vivrai heureux !

LE MATELOT, *se retournant.*

Tenez, j'aperçois une ville. En allant sous ses murs, nous aurions de ses habitants quelques renseignements favorables.

GUSTAVE.

Une ville, des habitants, que pouvons-nous en espérer ? Ces sauvages ignorent notre malheur. Et peut-être sont-ils aussi féroces que ce serpent, qui menaçait de nous dévorer !

LE MATELOT.

Il faut avouer que ce vilain animal m'a fait bien peur ! Car au moment où j'abordais le taillis avec notre pauvre radeau, je le vis s'élancer sur moi, et, sans votre courage, je n'étais plus de ce monde !

GUSTAVE.

Il paya de ses jours son audace téméraire !

LE MATELOT.

Je vous dois la vie, M. Gustave, c'est à charge de re-
vanche. *(Il lui tend la main.)*

GUSTAVE.

Je vous devais la mienne. *(Ils se serrent la main.)*

LE MATELOT

C'est vrai..., voyant la mort me tendre les bras, et ne
pouvant l'éviter, je m'apprêtais à mourir. A cette heure dernière, l'âme est en proie à de vives douleurs ! J'avais, dans
ce triste instant, deux pensées, ma mère... et Dieu ! Ma
mère, pauvre femme accablée de vieillesse, et ne pouvant
vivre sans mes secours, elle eût été abandonnée à la pitié de
tout le monde, ou peut-être à une mort cruelle ! Il me semblait la voir, les yeux en larmes, me tendre ses bras ! Son
désespoir me fit frémir. N'écoutant plus que la voix mater-
nelle, je m'élançais du navire, croyant me jeter dans ses
bras ! Hélas ! cette illusion disparut bientôt, pour faire place
à la réalité ; car j'étais dans les flots ! Je luttais avec courage
contre les vagues terribles qui menaçaient à chaque instant
de me briser sur les rochers ! Après des efforts inouïs, je
parvins à saisir quelques débris des mâts. Bientôt j'entendis
votre voix ; je vous voyais accablé de fatigues, et je ne pouvais, sans nous perdre, abandonner le radeau ! Je ranimai
votre courage, vous m'abordâtes bientôt, et Dieu, que j'avais
imploré au nom de ma vieille mère, nous conserva la
vie !

GUSTAVE.

Combien je voudrais, aujourd'hui, partager le sort de
nos infortunés compagnons !

Pour mon bonheur, je n'ai plus d'espérance.
Dans l'avenir, je n'aurai que regrets !

LE MATELOT.

J'espère en Dieu, sa divine puissance,
Sa volonté pour moi ! Je me soumets
Sur cette mer tremblante, mugissante,
D'où les flots bleus devaient nous engloutir !
Priant le ciel d'une voix suppliante,   } *bis.*
Il m'exauça, et vint nous secourir !   }

Eh bien ! Monsieur Gustave, j'ai un pressentiment que
nous ferons quelques bonnes découvertes dans cette ville, et
si vous voulez me croire, nous irons questionner ces habitants.

GUSTAVE.

Je comprends, ami ; tu partages ma douleur, et tu cher-
ches à appaiser mes larmes. Oh ! quoi qu'il en soit, je saurai
récompenser ton bon cœur ! *(Ils sortent.)*

SCÈNE II.

PAULINE, LE ROI.

PAULINE.

Le Roi vient de me demander un entretien particulier :
Quel peut être son motif ? Oh ! Gustave, Gustave, toi seul as
mon amour ; et vous, mon Dieu, vous serez témoin de ma
fidélité !

On entend du bruit.

J'entends qu'elqu'un : c'est Sa Majesté ; cachons le trouble qui m'agite !

LE ROI. *(Il est enveloppé d'un long manteau.)*

Vous devez trouver bien étrange l'entrevue que je demande dans les lieux, où je vous vis pour la première fois...

PAULINE.

En vérité, Sire, je ne pourrais m'exprimer sur le sujet...

LE ROI.

Cet entretien doit être particulier ; car il pourrait exiger un décret. Mais croyez, Mademoiselle, que ma pensée n'a cessé d'être animée du respect dû à votre honneur !

PAULINE.

Sire, je ne doute pas de vos bonnes intentions.

LE ROI.

Je commence mon histoire :

Elevé dans un pays où les lois et les mœurs diffèrent de ceux des États civilisés, je respectais les usages de mes aïeux. Mais mon père, homme sérieux, comprit combien l'instruction est utile à un prince qui est appelé à gouverner. Il résolut donc de m'envoyer en France. Pour ce sujet, il profita du départ d'un navire de cette nation. A peine avais-je posé le pied sur le sol de la terre étrangère que je me sentis émerveillé. La grâce, la politesse qui en distinguent les habitants me plongèrent dans un grand étonnement. Les divers plaisirs, la beauté du sexe, me firent croire un instant que j'étais parmi les dieux ; les arts, l'industrie, l'agriculture, ne me laissèrent plus douter que j'étais dans le premier pays du monde. Au milieu de toutes ces merveilles, je jetais un regard de pitié du côté de ma pauvre patrie. Il me semblait, par ce regard, leur faire connaître toutes les erreurs de la vie servile où ils étaient plongés : leur ignorance dans le bien-être et l'atrocité de leurs superstitions. Combien je sentis, en ce moment, le prix de l'instruction, ce bel ornement de l'esprit, qui développe avec tant de justesse les idées et les sentiments !

Dix-huit mois s'étaient à peine écoulés qu'il fallut me séparer de mes affections, et de la grande cité que j'appelais avec orgueil déesse de l'univers. Mon père venait de descendre au tombeau, et je lui succédais dans le royaume du Bénin. Je m'éloignai donc du beau pays des Français ; mais j'emportai dans mon cœur le souvenir de ses vertus, et, dans mon esprit, la grandeur de ses lois.

PAULINE.

Les bons sentiments que vous avait inspiré ma patrie, devaient un jour faire le bonheur de votre peuple !

LE ROI.

Je voulais déraciner les lois mensongères qui couvrent mon peuple de honte, policer ses mœurs grossières, qui le dénaturent et l'avilissent. Je voulais, enfin, étouffer les erreurs d'un culte odieux et criminel, détruire les faux préjugés de nos pères ; que d'esclaves ils deviennent enfin des hommes, qu'ils vivent dans le bien être ; je voulais rendre hommage à la nature humaine, en faisant célébrer mon mariage, et saluer mon épouse reine du Bénin !

PAULINE.

Sire, parmi vos sujets n'existe-t-il pas une princesse qui voulusse partager votre gloire ?

LE ROI.

Croyez-vous que c'est au milieu d'un sérail éblouissant de volupté que l'on peut trouver cette affection, qui fait le charme de la vie et la grandeur d'une puissance ; autour de ces femmes qui étalent à chaque instant du jour leurs grâces et leurs parures, employant tout l'artifice imaginable pour inspirer un sentiment d'amour. Non, mille fois... Je voyais chez les unes prétention et orgueil, cherchant par leurs attraits à régner sur leurs compagnes. Honteux de ces prétentions injustes, je cherchais dans les plus timides et moins portées à plaire ; mais je vis bientôt que leur timidité n'était que l'effet de la honte ; car aussitôt honorées, elles devenaient plus glorieuses que les autres. Désespérant de rencontrer jamais celle que j'avais rêvé, je m'efforçais de calmer mon ressentiment, et je pris le parti de ne plus visiter mon sérail, car pour moi il n'était plus qu'un spectacle de douleur... Mais un jour... un jour des sujets viennent à mon palais pour m'informer que deux naufragés étaient sur le rivage.

PAULINE, *à part.*

Je tremble de frayeur.

LE ROI.

Je m'empressai de me rendre, espérant que Dieu m'envoyait des bons Français, si chers à mes souvenirs. J'arrivai entouré de mes gens, et j'eus bientôt la satisfaction de mes désirs... Une jeune fille se présente à moi (*Pauline fait un mouvement*), son visage était plein de candeur et sa voix mélodieuse impressionnait mon cœur. Les sentiments si doux de son âme charmaient la mienne ; près d'elle je me sentais renaître à la vie ; cette triste mécancolie qui menaçait mes jours avait disparu pour faire place à la joie et au bonheur le plus pur. Je voyais combien cette femme devait influer sur les destinées de mon royaume, en la joignant au sceptre de la gloire ; elle devenait l'exemple de l'humanité et de la vertu ; avec elle j'aurais affronté mille dangers, sans craindre que le bonheur et la joie ne règnent en harmonie. Je la voyais déjà, sans orgueil, sans mépris, honorer le premier comme le dernier de ses sujets, donnant à tous l'exemple de la charité, laissant sur toutes les traces de son passage des souvenirs immortels de sa grandeur. Ah ! combien j'étais fier de partager ma puissance avec l'apôtre populaire...

PAULINE.

Sire, cette femme... cette grande princesse n'existe plus, peut-être...

LE ROI.

Elle était plus que princesse, et elle existe encore, car cet ange... c'est vous... vous qu'un roi, au nom d'un peuple entier, vient prier en grâce d'accepter la couronne de Bénin.

PAULINE.

Sire, je voudrais du plus profond de mon cœur être digne de la générosité d'un souverain dont l'amour pour son peuple élève à la plus haute dignité. Dieu seul ne permit pas que je comblasse vos vœux... Écoutez aussi mon histoire... Emmenée du sein de la capitale par un riche colon, il eut bientôt mon amour ; voulant répondre aux sentiments de mon cœur, qui n'avaient calculés que le sentier du bonheur, ce jeune homme me rendit l'honneur. Il voulut que je paraisse aux yeux de la société sans rougir. Touchée de tant de désintéressement, je lui jurai devant le ciel un amour éternel. Sire, puis-je trahir mon serment ?

LE ROI.

Votre sincérité vous rend plus digne de mes bonnes grâces : ce jeune homme n'existe plus, et vous vous devez à la gloire d'un peuple. *(On entend du bruit.)*

PAULINE.

Sire, j'entends quelqu'un... Fuyez...

LE ROI *s'enveloppe de son manteau, remonte la scène, puis se retourne.*

Songez à votre avenir...

SCÈNE III.

PAULINE. LE MATELOT.

PAULINE.

Je doute encore de ce que je viens d'entendre ; tant de qualités chez un homme me paraissaient improbables ; cependant l'accent de la vérité ne s'est pas démenti un seul instant. Oh ! peuple ! peuple insensé qui, si injustement, murmure contre son roi, quand il devrait faire retentir l'accent de la reconnaissance. Hélas ! pourquoi ne puis-je partager sa grandeur... mais non, cela ne se peut ; ce serait un crime trop odieux.

> A mon amant, puis-je me rendre infâme ;
> Non, non, jamais, je ne le ferai pas !..:
> A toi, Gustave, à toi toute mon âme,
> A toi, mon cœur, à toi jusqu'au trépas !..:

Loin les grandeurs qui causeraient ma peine ;
Un avenir en ce monde envier...
Pour mon amant, moi, je veux être reine, (bis)
A toi, Gustave, à toi mon amitié.

UN MATELOT.

Mademoiselle, mademoiselle,.. le roi vous demande à l'instant...

PAULINE, *à part.*

Le roi !... que peut-il me vouloir ?... (*Elle remonte la scène, aperçoit le matelot*) Ciel ! un matelot !...

LE MATELOT.

Vite, mademoiselle, le temps presse !

(Ils sortent)

(*Fin du deuxième acte.*)

ACTE III.

SCÈNE Ire.

GUILLEAUME, CUPIDON.

GUILLEAUME, *très joyeux ; il est vêtu d'une longue robe.*

Quel bonheur d'être venu dans les états de Sa Majesté !... Bigre de bigre.,. Mou-chia Guilleaume, grand ministre du roi de tous les Bennins. Ah ! c'est pour le coup qu'il faudra que l'on me salue jusqu'à manger la terre.. que l'on me nomme Excellence... et puis le roi qui va me donner quarante femmes noires... un chirail, quoi !... Crédié ! chi ma femme savait cha... Après tout, je ne lui dirai pas.

CUPIDON.

Votre Excellence sera fière, car elle sera toujours avec la personne de Sa Majesté:

GUILLEAUME.

Ah ! mais, oui-dà...

CUPIDON.

Le roi disserte avec son ministre les affaires de l'Etat, et il n'admet rien pour son royaume sans l'assentiment de Son Excellence.

GUILLEAUME.

Ah ! ah !...

CUPIDON.

Son Excellence monsieur le ministre juge les sujets du royaume; il est enfin la balance de l'équité...

GUILLEAUME.

Mais...

CUPIDON.

Il promulgue aussi les lois.

GUILLEAUME.

Certainement qu'il *prolugue* les lois.

CUPIDON.

Monsieur le ministre a aussi la gloire d'accompagner Sa Majesté dans la tombe, et de lui tenir compagnie.

GUILLEAUME.

Hein ! qu'est-ce que chest ?

CUPIDON.

Certainement, quand le roi meurt... eh bien ! on le descend dans un souterrain très profond, dont l'extrémité est fermée par une trappe. On y descend avec lui ses ministres, très fidèles compagnons, et pendant trois jours on leur donne des vivres, en cas que le roi revienne à la vie.

GUILLEAUME.

Ah ! oui, et puis après chà on lui dit bonjour.

CUPIDON.

Du tout, on cesse d'envoyer des vivres.

GUILLEAUME, *avec frayeur.*

Couqui !

CUPIDON.

Neuf jours après on enlève les cadavres des glorieux ministres, que l'on rend aux familles qui les font inhumer, ce
qui fait la plus grande joie à ces familles ; car leurs parents
se sont dévoués en ne voulant pas survivre à leur maître.

GUILLEAUME.

Assez, assez ; je ne veux pas mourir tout en vie.

CUPIDON.

Comment ! Votre Excellence. n'est pas honorée de mourir
en compagnie du roi...

GUILLEAUME.

Je m'en va lui rendre sa robe. Je ne veux pas de sa place.
Sainte-Catherine ! me voir enterré tout vif... dans des catacombes !...

Je n'ai pas besoin d'mourir avant ma mort,
Dedans un trou, tout comme un grand Benin !
A ces grandeurs, moi j'ai un autre sort :
J'aime bien mieux ma femme et mon cousin ;
Car s'ils meurent, ils iront dans leurs tombes;
Près de l'autel on me verra placé !
Mais point du roi ni de ses catacombes :
De cet honneur, je puis me dispenser.

Mon existence, ah ! combien tu m'es chère !
La vie à moi, j'y tiens, c'est étonnant !

J'donnerais pour elle un beau tiers de la terre ;
Peut-être bien j'sacrifierais l'restant.
Pourvu que j'vive, à tout je me console :
La première chose est de penser pour soi ;
Près d'un danger, je cours, je caracole, }
Me précipite et me cache chez moi.   }   *(bis)*

Décidément, ce pays est malsain... portons lui vite sa robe... car s'il venait à mourir... bougri !... *(Il se sauve.)*

SCÈNE II.

CUPIDON, LE MATELOT.

CUPIDON.

J'étais bien certain d'ébranler le courage de ce superbe ministre. Le bon roi aime tant les Français qu'il les croit tous capables de gouverner un royaume... tant qu'à celui-ci, il ferait mieux de diriger un troupeau ; il présiderait avec plus d'honneur.

LE MATELOT, *très-joyeux*.

Enfin ! mes prédilections se sont accomplies... Au reste, je ne pouvais me tromper. *(Tirant un bonnet de femme de sa poche.)* Le bonnet sur le rivage me donnait l'assurance qu'une femme avait échappé du naufrage ; et un pressentiment m'assurait que c'était mademoiselle Pauline. Nous courons chez le respectable chef de la Bande-Noire, que je ne vis pas très blanc... enfin, d'un air peu agréable, il finit par dire : Mademoiselle Pauline existe... Apprenant cette nouvelle, Gustave est frappé d'un coup de roulis... le mal d'amour lui tourne la boussole...

CUPIDON.

En voici un que je n'avais pas vu. *(Allant à lui.)* Camarade !

LE MATELOT.

Tiens, tu étais là, moricaud !

CUPIDON.

Moricaud. *(Il cherche.)* Connais pas ! *(Au matelot.)* Qu'est-ce que c'est, Moricaud ?

LE MATELOT.

Cela veut dire que tu es blanc comme la tige de mes bottes. *(Reprenant.)* Comment appelles-tu ton pays de sauvages ?

CUPIDON.

Il s'appelle le royaume de Bénin *(avec fierté)* et je ne suis pas un sauvage.

LE MATELOT.

Sujet benêt, je te salue. *(Il le salue.)*

CUPIDON.

Et vous, qui êtes-vous ?

LE MATELOT.

Moi, c'est différent : je suis Français, matelot de première classe, envoyé par la volonté de Dieu chez les amis Benêts. *(Se reprenant.)* Ah çà, dis-moi, mousse, avez-vous des vaisseaux dans cette contrée ?

CUPIDON.

Certainement... des pirogues.

LE MATELOT.

Bon alors, je ferai des grimaces pour plaire au chef des Orang-Outangs, et il faudra qu'il me donne du service. Quel bonheur de naviguer, d'affronter les dangers et de mourir en combattant, Mourir! halte-là, camarade! et la pauvre vielle là-bas, que deviendrait-elle sans moi. Nom de nom! que les riches sont heureux! ils peuvent mourir avec fierté, ceux-là! ils laissent de l'honneur après eux, tandis que nous... trop souvent c'est le désespoir et la misère, Décidément, je ne prends plus de service; je vais tâcher d'appareiller pour la grande cité, Si je pouvais chanter ce vieux refrain :

> A l'ardeur de ces flots
> Résistons matelots,
> Car voici le village
> Adorons son image
> Narguons donc le trépas
> Car un père une mère
> Là bas sur notre terre,
> Nous présentent leurs bras.
> Faisons force de rames
> Vite fendons les lames,
> Que nos airs réjouis
> Traversent le pays.
> Saluons la patrie
> Notre France chérie,
> Rêve de nos amours
> Tu nous vois pour toujours.

Ce temps là reviendra-t-il jamais? Je suis peut-être condamné à échouer comme une vieille carcasse de vaisseau, dans ce pays de bêtas. . . (*A Cupidon.*) Si je savais que tu en sois la cause, négriaud du diable, je tannerai ta peau de requin pour m'en faire des sous-pieds.

CUPIDON, *avec fierté.*

Monsieur le matelot?

LE MATELOT, *le menaçant.*

Ne dis rien brigand, tu m'as volé mon cirage.

CUPIDON.

Volé ton cirage! je vais le dire au roi.

LE MATELOT, *le poussant.*

Ah! tu vas le dire au roi. (*Il le poursuit en sortant.*)

SCÈNE III.

LE CAPITAINE LANDOLPHE, UN LIEUTENANT, DES MATELOTS.

LE CAPITAINE.

C'est bien, posez ces malles. (*Au lieutenant.*) J'ai envoyé un messager près du roi, pour lui annnoncer notre arrivée; j'espère qu'il ne tardera pas à nous recevoir.

LE LIEUTENANT.

Ce pays est charmant, arrosé d'une immense rivière, sol très fertile! Vous dites capitaine que vous fites la connaissance du roi en 1789.

LE CAPITAINE.

Oui lieutenant, j'avais besoin d'eau, et je songeais à mouiller près de la rivière qui sépare le royaume du Benin de celui d'Auwère. Je n'avais pas encore jeté l'ancre que le capitaine des guerres vint sur mon bord; il me témoigna beaucoup d'intérêt, et me fit promettre de rendre une visite à son souverain. Je me rendis à ses instances; quelques minutes après j'étais au palais de Sa Majesté le Roi de Benin. Je lui fit présent de quelques articles de France, qui furent accueillis avec empressement. De son coté le Roi me fit présent : d'ivoire, de poudre d'or, de plumes d'autruches, d'ambre, de corail, et de plusieurs perles précieuses. Je fus très étonné que ce pays ignoré renfermât de si grandes richesses.

LE LIEUTENANT.

Vous eûtes alors l'idée d'établir un comptoir Français ?

LE CAPITAINE.

Oui, ces richesses immenses, les accueils du Roi, contribuèrent à ma résolution, à mon arrivée en France. Je fondais une société placée sous la protection des deux gouvernements.

LE LIEUTENANT.

Ce peuple doit-être barbare ?

LE CAPITAINE.

Tres barbare, mais depuis le nouveau Roi, les mœurs sont plus douces. Il fit ses études à Paris, et c'est moi qui eus l'honneur de le présenter à Sa Majesté Louis XVI.

UN NÈGRE, *présente une dépêche.*

De la part du Roi.

LE CAPITAINE, *lisant.*

Je reçois votre dépêche, hâtez-vous cher capitaine, je vous attends avec impatience. (*Parler*) bon jeune homme il se souvient de moi. (*Aux matelots :*) les malles.

CHŒUR.

Hâtons-nous, faisons diligence,
Auprès du Roi Sa Majesté.
Espérons tout de sa puissance
Pour l'honneur, la prospérité.

SCÈNE IV.

GUILLEAUME, PUIS LE MATELOT.

GUILLEAUME, *a repris ses vêtements et tient une lettre.*

Je ne puis approcher de Sa Majesté, j'ai bien peur qu'il soiye malade, j'ai pourtant là une lettre de ma composition il faudrait bien que je lui donne. (*Il lit.*) Mouchia le Roi, je viens vous dire que je suis bien malade; d'une maladie qui me fait souffrir et qui m'empêche de marchâ. (*Parler.*) Fichetra, voilà des causes. (*Lisant*) Je suis bien faché de vous refuser d'être minischtre, mais j'aime mieux que ce soit un autre. (*Parler*) J'espère que c'est parler chà.

LE MATELOT, *courant.*

Vive la France !

GUILLEAUME.

Tiens d'où chort-il chui-là. M. le marin d'où chortez-vous chil-vous-plait.

LE MATELOT.

Tiens en voici un qui n'a pas l'accent parisien, j'ai envie de lui faire peur. (*Chantant*) Je sors de dessous terre, moitié renard, moitié loup ; cette chose est un mystère.

GUILLEAUME.

Est-ce que par hasard il serait ministre. (*Haut*) Vous êtes donc ministre pour sortir de dessous terre ?

LE MATELOT.

Ministre ! décidément voici un camarade qui s'est échappé de la raison ; on dit qu'il ne faut pas contrarier les fous, je vais dire comme lui. (*Haut*) Oui Monsieur.

GUILLEACME.

Vous vous êtes donc échappé du trou ?

LE MATELOT.

Pauvre diable il a perdu la tête, enfin il ne faut pas le contrarier. (*Haut*) Oui Monsieur.

GUILLEAUME.

Ches-t-il vrai qu'il vous laisse neuf jours sans manger?

LE MATELOT.

Pauvre homme, il aura jeûné sans doute, c'est la faim qui lui aura fait perdre la raison; disons toujours comme lui. (*Haut*) Oui Monsieur.

GUILLEAUME, *soupirant*.

Pourvu que le Roi ne soiye pas mort.

LE MATELOT.

Il est tout-à-fait fou. (*Haut*) Oui Monsieur.

GUILLEAUME, *criant*.

Il est mort, ah! Monsieur, je suis un homme perdu.

LE MATELOT.

Un homme, il est bien honnête l'ami.

GUILLEAUME, *court après le matelot qui s'éloigne de lui*.

Ah mouchia, mouchia, chauvez-moi. (*Ils font le tour de la scène.*)

LE MATELOT.

On dirait qu'il veut me dévorer.

GUILLEAUME.

Je suis mort, sainte Catherine. (*Il sort en pleurant.*)

LE MATELOT.

Voici un gaillard, je tâcherai de ne pas me trouver sous ses avirons, car il serait bien capable dans un accès, de me prendre pour un marsouin.

(*On annonce le Roi.*)

SCÈNE DERNIÈRE.

MUSIQUE A L'ORCHESTRE, LE ROI, GUSTAVE, PAULINE, LE CAPITAINE LANDOLPHE, LE LIEUTENANT, LE CAPITAINE DES GUERRES, SUIVANTS, GUILLEAUME, LE MATELOT.

LE ROI.

Je suis très satisfait de votre arrivée, capitaine Landolphe.

LE CAPITAINE.

Sire, combien l'Empereur sera réjoui de votre bienveillance pour la France.

LE ROI.

La France n'est-elle pas une seconde patrie pour moi. Croyez-vous que je puisse oublier cette grande cité, ce grand esprit national qui la caractérise dans l'univers, et la fait chérir de tous les peuples. Disposez de mon royaume avec ma protection, car c'est un devoir pour moi de faire respecter vos personnes et votre pavillon. (*Le capitaine s'incline.*)

GUILLEAUME, *s'approche du Roi.*

Sire, voici votre robe, parce que voyez-vous comme cha, j'aime mieux mourir de ma belle mort que d'être minichtre.

LE ROI.

Quel exemple de patriotisme, il aime mieux mourir pauvre dans son pays, que d'accepter les grandeurs d'une nation étrangère. (*A Guillaume*) Mon ami, je donne dix mille piastres pour toi et tes enfants.

PAULINE.

Pour vos bontés, Sire, pourrons nous vous témoigner assez de reconnaissance.

LE ROI.

Mon enfant, je n'ai pas assez fait pour vous. (*A Gustave*)

Monsieur, vous joindrez à votre contrat, quarante mille piastres, dot de la vertu, donnés par le Roi du Benin en faveur de mademoiselle Pauline.

Pauline et Gustave, saluent le roi:

LE ROI, *au capitaine.*

Espérez-vous mettre bientôt à la voile ?

LE CAPITAINE.

Sire, dans quinze jours mon lieutenant appareillera pour la France.

LE ROI, *au lieutenant.*

Vous joindrez aux présents destinés au sultan de la France, cette lettre, dans laquelle je lui demande comme grâce une épouse de son choix.

TOUS.

Vive le Roi de Benin.

GUSTAVE, *au public.*

Combien mon cœur en ce jour est heureux

LE ROI.

Soyez toujours bon époux je le veux.

PAULINE.

Entre l'amour, la gloire d'un diadème,

Ne doit-on pas choisir ce que l'on aime.

Donner son cœur pour Honneur et pouvoir

Serait trahir l'amitié le devoir.

A mon mari je serai toujours sage ;

Que vos bravos redoublent mon courage !

CHOEUR.

A son mari elle veut rester sage ;

Que vos bravos redoublent son courage !

FÉLIX PERDU (1862.)

FIN.

LE MOIS DE MARIE

L'aubépine est fleurie,
Et cette blanche fleur
Embaume la prairie
De sa douce saveur !
L'oiseau sort du bocage
Les yeux étincelants,
Et, par son doux ramage,
Annonce le printemps !
Tout est dans l'allégresse,
Tout vit dans le bonheur ;
C'est un chant de tendresse,
C'est un temps de fraîcheur :
C'est le mois de Marie,
C'est l'éclat d'un beau jour,
Où la Vierge chérie
Nous promet son amour,
Protége la détresse
De tous les naufragés ;
Console la tristesse
Des pauvres affligés ;
Secourt l'orphelin,
Et l'homme prolétaire ;
Accueille du Chrétien
La fervente prière ;
Reçoit, du haut des Cieux,
Les accents de nos ames ;
Nos hommages précieux
La pureté de nos flammes !

LE JUGEMENT DERNIER

Par un regard j'ai composé la terre,
J'ai commandé au soleil d'éclairer,
J'ai gouverné dans la Nature entière,
Et du néant le monde j'ai créé !
Être insoumis, reconnais ma puissance,
Courbe ton front ; car je suis le premier !
Prosterne-toi, implore ma clémence :
C'est aujourd'hui le jugement dernier !

Toi qui, jadis, as revêtu l'hermine,
Sombre débris, d'un pouvoir désiré,
Devant ma gloire un trône se ruine ;
Squelette hideux, ton sceptre est ignoré !
Tremble à ma vue, Éternel je me nomme !
Et mon poignard traverse un bouclier.
Je suis le Roi, l'équité ma couronne,
Et je préside au jugement dernier !

Vous qui vivez au sein de l'indigence,
Pauvres cohortes aux suaires en lambeaux
Que l'on traita avec indifférence ;
Vous dont les jours sont que des lourds fardeaux,
Dans mon palais j'honore un sacrifice ;
Réjouis-toi, pauvre spectre humilié,
Tu es béni par ma sainte justice ;
Voici l'instant du jugement dernier !

Hommes de bien, passez sous ma bannière,
Hommes du mal, vous en serez proscrits ;
Vous gémirez l'éternité entière !
Cœurs inhumains, vous serez tous maudit !
Rien ! Désormais, plus d'espoir pour la vie !
Dans les volcans vous deviendrez brasier,
Vous souffrirez une longue agonie ;
Voici l'arrêt du jugement dernier !

DEUX MARIAGES INATTENDUS.

PERSONNAGES :

M. le général comte de CHAMBORD,
POINCILLON,
Le Vicomte de CHAMBORD,
Le Marquis de CHAMBRI,
GUILLEAUME,
Le vieux Sergent,
Mademoiselle ERNESTINE,
OLYMPE,
ERNEST, *enfant ;*
FRANÇOIS, *domestique.*

INDICATION :

Au lever du rideau, la Scène représente un Salon richement orné. — Le
Vicomte est assis à droite.

SCÈNE Ire.

LE VICOMTE, GUILLEAUME, FRANÇOIS.

LE VICOMTE.

C'est aujourd'hui que je dois être présenté à ma fiancée, celle qui doit partager mon existence..., celle pour qui je dois consacrer mon amour ! *(Il se lève.)* Il en sera donc toujours ainsi dans le monde ! Ce trafic honteux des sentiments doit exister éternellement. Il sera permis d'immoler les plus tendres affections... aux exigeances de nos préjugés ! On vous marie pour le monde, vous dira-t-on ; votre fiancée a de la fortune et un nom, c'est un devoir de l'épouser. Si cette femme belle ou laide, capricieuse ou prévenante, aimable ou revêche, ne répond pas aux affections de notre cœur..., si cette créature doit être un supplice éternel à nos yeux, il faudra, malgré tout, qu'un homme soit la proie des sarcasmes d'une société satyrique..., qu'il rougisse des dehors d'un esprit sans raison, s'immole à l'amour malgré les sentiments de son âme, et pleure sur la génération d'une nature innocente... Oh ! si la faiblesse de quelques-uns a pu se méprendre sur la délicatesse de ces principes, il n'en sera pas de même de mon amour-propre. *(Il agite un cordon.)*

GUILLEAUME, *en livrée.*

Monsieur a sonné ?

LE VICOMTE.

Approchez, Guilleaume ! *(Après un moment.)* Êtes-vous heureux au service de mon père ?

GUILLEAUME.

Dam !... certainement, Monsieur le vicomte... très heureux !

LE VICOMTE.

S'il vous arrivait un héritage...., et que cet héritage vous mette dans une position à pouvoir dépenser une fortune, que feriez-vous de cet argent ?

GUILLEAUME.

Hum !..., si j'étais riche..., je voudrais avoir des domestiques..., des équipages...; je voudrais aussi choisir une jeune femme qui eût beaucoup d'instruction..., et surtout qu'elle fût gentille ! ..

LE VICOMTE.

C'est bien..., c'est bien...; taisez-vous ! *(Il sonne.)*

GUILLEAUME, *à part.*

Qu'est-ce qu'il lui prend?.. Je ne l'ai jamais vu comme cela ! *(Il remonte la Scène.)*

FRANÇOIS.

Monsieur le vicomte a sonné ?

LE VICOMTE, *même jeu.*

Approchez, François ! Si l'on vous donnait à choisir une compagne entre deux..., l'une belle, spirituelle, mais sans fortune ; l'autre, au contraire, sans esprit, sans délicatesse, ne cherchant que les plaisirs sensuels, mais riche, pouvant vous faire vivre dans l'abondance des biens matériels...

FRANÇOIS.

Un pareil choix ne me laisserait pas longtemps dans l'incertitude...

LE VICOMTE.

Expliquez-vous...

FRANÇOIS.

C'est très simple ! Avec la beauté et l'esprit, il me faudrait travailler comme un mercenaire pour subvenir aux besoins domestiques, au lieu qu'avec la fortune, on peut vivre éloigné des tourments !

LE VICOMTE, *brusquement.*

Vous êtes deux misérables ! Sortez, vous dis-je !

(Guilleaume et François s'enfuient.)

Lâcheté..., ignominie..., voilà du genre humain ! Ils sont riches, ils faut qu'ils deviennent insolents ; il faut que tout plie sous l'arrogance de ces scélérats... Ils croient, par l'ascendant de la fortune, briser l'affection d'une famille heureuse... Il me faudrait une femme jeune et belle, et surtout de l'instruction ! une victime pour laquelle je n'eusse pas honte de la faire rougir devant tous les yeux... ; **une** esclave qui devra se plier à mes caprices grossiers ; et si quelques plaintes s'échappent de la malheureuse, on lui répond avec insolence : Vous étiez pauvre, et vous vivez dans l'aisance ; c'est à moi que vous devez ce bienfait ! Barba re !.... cruel !....

Ah ! quoi qu'il en soit des sentiments de mon père, je lui résisterai avec courage ; il ne sera pas dit que je me serai enseveli dans l'abîme d'une vie malheureuse pour satisfaire les préjugés de ma famille !

SCÈNE II.

LE GÉNÉRAL , LE VICOMTE, GUILLEAUME, FRANÇOIS.

LE GÉNÉRAL *sonne.*

Les drôles ne répondront pas ! (*Il sonne.*)

LE VICOMTE.

Mon père ! fuyons... *(Il entre à droite.)*

LE GÉNÉRAL, *vêtu d'une robe de chambre.*

Ces marauds n'entendent pas...

GUILLEAUME.

Dam !.. Monsieur le général , nous sommes si bien reçus !..

LE GÉNÉRAL.

Vous saurez, mordieu ! que vous êtes ici pour servir ; et, lorsque l'on sonne, vous devez répondre, et pousser la charge..., sinon bonjour !

FRANÇOIS.

Monsieur le général sait que nous ne manquons pas ordinairement ; mais comme...

LE GÉNÉRAL.

Mais comme vous fricottiez, vous n'avez pas eu le temps, n'est-ce pas ?

FRANÇOIS.

C'est-à-dire, Monsieur le général, que nous ne sommes plus à votre service, par l'ordre de M. le Vicomte!

LE GÉNÉRAL.

Comment , mon fils..., et que lui avez-vous donc fait ?

GUILLEAUME.

Nous n'avons fait que répondre à ses questions.

LE GÉNÉRAL.

Vous me cachez la vérité !

FRANÇOIS.

Je vous jure , Monsieur le général, que nous n'avons fait que répondre aux questions de M. le Vicomte !

LE GÉNÉRAL.

Quelles sont donc ces questions ?

GUILLEAUME.

M. le Vicomte me demandait, si je faisais un héritage, ce que j'en ferais; alors, je lui ai répondu que je choisirais une femme jeune et gentille! Cette réponse lui déplut, et il m'a rudoyé...

LE GÉNÉRAL.

Ah! ah! voilà qui est charmant! Il voulait sans doute que vous en prissiez une laide, pour lui faire plaisir... (*A François.*) Et vous?

FRANÇOIS.

M. le Vicomte me demandait mon goût entre deux jeunes personnes du sexe. L'une, disait-il, jeune et gentille, mais sans fortune; l'autre, au contraire, riche, honorée, mais laide, désagréable; alors...

LE GÉNÉRAL, *réfléchissant.*

Alors?..

FRANÇOIS.

Je lui ai répondu que je préférais celle qui était riche! Il s'est emporté, et nous a chassés en nous traitant de scélé-rats. Cependant, Monsieur le général sait que nous ne sommes pas des brigands!

LE GÉNÉRAL, *à part.*

Je crois découvrir quelque chose dans les ténèbres! (*Aux domestiques.*) Vous n'avez pas dit d'injures?

GUILLEAUME et FRANÇOIS.

Oh! pour cela, Monsieur le général, nous en jurons!

LE GÉNÉRAL.

C'est bien! reprenez vos livrées.

FRANÇOIS et GUILLEAUME.

Merci, Monsieur le général! (*Ils sortent.*)

LE GÉNÉRAL.

Quoi ! mon fils si calme... se serait permis cette extrava-
gance ! Il faut qu'il ait un mystère ; mille millions ! je le
découvrerai ! Une femme jeune, sans argent...; l'autre
riche, laide..., et la colère par dessus, cela signifie quelque
chose, malgré que tout cela me paraît en mêlée !

Oui, je saurai d'où vient cette colère ;
Sans plus tarder, je le découvrirai ;
Je veillerai sur lui tout comme un père,
Quand, de l'enfer, Satan s'en mêlerait !
A mon désir il faut qu'il s'abandonne ;
Rien ne m'arrête ; il le doit, je le veux !
C'est son bonheur, l'honneur de ma personne,
Et c'est l'éclat d'un nom très honoré !

Eh ! morbleu ! si je ne me trompe, il y a quelques amou-
rettes de cachées. Une petite couturière gentille, sans doute,
qui a su captiver les bonnes grâces de mon jeune homme...
Après tout, j'ai eu mon temps, et, certainement, je n'étais
pas le dernier à donner l'assaut ; mais, encore, il faut que
je la connaisse ; car ces gredins d'amoureux font feu et
flamme pour une coquette ; ils promettent plus qu'ils ne
donnent ; et je ne serais pas fâché de savoir où les amours
en sont. (*Il sonne.*)

GUILLEAUME, *en livrée.*

Monsieur le général a sonné ?

LE GÉNÉRAL.

Faites venir le vieux sergent! (*A part.*) Avec lui, nous
aurons bientôt découvert les tourtereaux !

SCÈNE III.

LE GÉNÉRAL, LE SERGENT, LE VICOMTE.

LE SERGENT. (*Salut militaire.*)

Présent.. , mon général !

LE GÉNÉRAL.

Vieux soldat, j'ai déjà eu plusieurs occasions de mettre ta fidélité à l'épreuve, et j'espère en ta vigilance et dans ta discrétion.

LE SERGENT.

Mon général, vous n'avez qu'à commander !

LE GÉNÉRAL.

Il s'agit simplement de suivre M. le Vicomte, de s'informer où il aura entré, la personne qu'il aura vu. Va, tu me rendras compte de l'excursion.

LE SERGENT.

Général, comptez sur ma faction. (*Il salut et sort*).

LE GÉNÉRAL.

Ah ! ah ! M. l'amoureux, nous aurons bientôt des nouvelles de vos petites intrigues. M. le Vicomte ne se croit pas obligé de me rendre compte de ses actions, mais je tiens beaucoup à les connaître, car je suis sûr qu'elles doivent être interressantes.

SCÈNE IV.

LE GÉNÉRAL LE VICOMTE.

LE VICOMTE, *entre de droite.*

Je suis heureux, mon père, de vous voir en bonne santé. (*Il s'incline*).

LE GÉNÉRAL

Et moi, M. le Vicomte, je suis charmé de vous savoir en meilleures dispositions.

LE VICOMTE, *à part.*

Saurait-il (*haut*), en vérité mon père je ne puis comprendre.

LE GÉNÉRAL.

Que l'on renvoie mes domestiques, que l'on bouleverse ma maison, vraiment cela est bien difficile à comprendre pour des gens qui affectent d'oublier.

LE VICOMTE, *fait un mouvement.*

LE GÉNÉRAL.

Mais je ne désire pas, Monsieur, que vous vous excusiez, car je suis persuadé que vous vouliez plaisanter avec mes gens, mais je ne sais de quel droit…

LE VICOMTE.

Je vous assure, mon père, que je ne les eusse pas renvoyés sérieusement sans votre assentiment.

LE GÉNÉRAL, *s'incline en souriant.*

Vous savez, M. le Vicomte, combien je vous porte d'intérêt. (*D'un air solennel*) Après mon Empereur, vous êtes le seul chrétien qui m'attache en ce monde; j'ai eu beaucoup à me louer de votre attention et surtout de votre obéissance. J'ose espérer, Monsieur, qu'il en sera toujours de même envers un père qui vous chéri plus que lui-même.

LE VICOMTE.

Mon père, mon bon père, jamais je ne me rendrais indigne de votre affection.

LE GÉNÉRAL.

Eh bien ! M. il est en votre pouvoir de répondre à ma tendresse par l'obéissance.

LE VICOMTE.

Mon père, jusqu'à ce jour je ne me suis pas éloigné de vos moindres désirs, et certes je me croirais indigne de vous s'il en était autrement.

LE GÉNÉRAL.

Je vous remercie, M. le Vicomte, ce nouveau témoignage
fait honneur à ma félicité et me confirme l'espoir de vous
voir très heureux.

Soyez toujours soumis et sage,
C'est un devoir pour vous précieux
Et bientôt votre mariage.

LE VICOMTE.

Mon mariage, oh ciel ! oh dieux !

LE GÉNÉRAL.

Oui je veux que votre nom prospère
Avec éclat et dignité,
Et vous serez digne d'un père
De son honneur, sa postérité.

} *bis.*

(*Ensemble.*)

LE VICOMTE.

Et je serais digne d'un père,
De son honneur, sa postérité.

LE GÉNÉRAL, *rentre à gauche.*

SCÈNE V.

LE VICOMTE, *seul.*

Toujours ce mariage, il vient comme un fantôme au milieu
de la nuit ; troubler un rêve, briser la joie de mon pauvre
cœur, tarir les plus douces émotions de mon âme. Pauvre
créature, il faut t'immoler sans murmure, il faut oublier
celle que tu aimes. Oh ! la mort est cent fois moins cruelle,
oserait-on m'accuser de lâcheté de détruire une existence
empoisonnée, un corps dépourvu de sensibilité, une enveloppe hideuse n'ayant plus sous les yeux que la porte du
tombeau.

SCÈNE VI.

LE VICOMTE, LE MARQUIS, UN VALET.

LE VALET.

M. le marquis de Chambri.

LE VICOMTE.

Faites entrer.

LE MARQUIS, *salut.*

LE VICOMTE.

Mille remerciments de l'honneur que me fait votre seigneurie.

LE MARQUIS.

Eh! eh! cher vicomte, je viens vous féliciter de votre heureux hymen, et je me flatte d'être le premier qui vous rend cet hommage.

LE VICOMTE.

Vous vous méprenez M. le marquis, vous êtes le premier qui me parlez d'hymen.

LE MARQUIS, *toujours dissimulé.*

Cher vicomte c'est en vain que vous chercheriez à échapper à mes compliments. (*D'un air enjoué*) Se pourrait-il que vous ignorassiez le nom de votre future, sa beauté, ses grâces; quand tous les salons de la capitale en sont émerveillés. Oh! oh! votre discrétion je vous l'assure est déplacée.

LE VICOMTE, *d'un air sévère.*

Je vous le réitère, M. le marquis, aucune personne n'a le droit d'enchaîner mon existence, et en dépit de vos sarcasmes si mon cœur s'était prononcé, je me dispenserais de votre opinion.

LE MARQUIS, *à part.*

Comme la fortune nous rend orgueilleux. (*Haut*) Cher

vicomte, croyez que les sentiments qui m'animent sont guidés par l'amitié la plus pure. Je ne prétends pas vous confesser, mais j'ai cru qu'il était du devoir d'un ami.

LE VICOMTE.

C'est bien ! c'est bien ! M. le marquis je vous dispense de ces compliments flatteurs ; mais je me permettrai, au nom de l'amitié que vous venez de me protester, de vous demander quelques détails sur le prétendu mariage qui remplit le monde d'admiration.

LE MARQUIS, *à part.*

Il m'embarrasse. *(Haut.)* Je vous dirai franchement que j'en tiens les premiers éléments de madame la marquise, qui, certes, n'est pas la moins empressée à en donner le ridicule ; et je dois vous avouer franchement que le portrait qu'elle fait de l'objet de vos convoitises est à peu près ressemblant à ces gros poupons de campagne que l'on a soin de bien engraisser, de peur qu'il ne perde de leur embompoint. Mais, après tout, elle a de la fortune ; et, mon cher, pour le monde, c'est un titre de considération qui n'est pas malveillant.

LE VICOMTE, *en colère.*

Vos sarcasmes, marquis, deviennent intolérables, et si je n'eusse pitié de votre pauvre esprit, je pourrais vous en demander raison.

LE MARQUIS.

Eh ! mon cher, vous questionnez, je dois vous répondre. Remarquez bien que je suis obligé, par vous, de vous exposer la malveillance de madame la marquise.

LE VICOMTE.

C'est bien ! M. le marquis, je vous excuse ; mais ne croyez

pas que je puisse admettre de pareils pamphlets de la part d'une dame noble, distinguée par son esprit. Elle ne pourrait foudroyer de ridicule un homme qui mériterait sa compassion. Ainsi donc, M. le marquis, je crois que vous avez rêvé et que votre esprit en est affecté.

LE MARQUIS, *à part*.

Voici qui est plaisant : moi qui croyais indisposer madame la marquise, et maintenant ce serait moi. *(Haut.)* La marquise a même ajouté que l'on vous ferait présent d'un gros poupon massif d'argent destiné à faire l'objet de curiosité des salons de Paris.

LE VICOMTE.

M. le marquis, cela n'est pas !

LE MARQUIS.

M. le vicomte, je vous donne ma parole d'honneur.

LE VICOMTE.

M. le marquis, je n'y crois pas.

LE MARQUIS.

M. le vicomte, une pareille injure...

LE VICOMTE.

Est méritée, M. le marquis.

LE MARQUIS, *à part*.

Corbleu ! si je savais manier une arme. *(Haut.)* M. le vicomte, vous conviendrez que vous avez manqué à la dignité d'un gentilhomme, et qu'en pareille circonstance...

LE VICOMTE.

Je vous dois un cartel, j'en suis bien aise, M. le marquis, votre heure ?

LE MARQUIS.

Eh ! mon cher vicomte, les choses n'en sont pas là. Je demande simplement des excuses.

LE VICOMTE.

C'est très-facile, M. le marquis : il vous conviendra donc de savoir que tout homme qui se respecte dans la société doit s'honorer pour l'être lui-même. Et lorsqu'il vient avec suffisance et ironie calomnier ou représenter des épithètes peu délicates, il se rend digne du plus honteux mépris, et ternit le nom de gentilhomme qu'il porte. — Voici mes excuses.

LE MARQUIS, *furieux*.

Ah ! c'est trop fort. (*A part*) Je saurai me venger. (*Menaçant*) C'est odieux ! (*Il sort.*)

SCÈNE VII.

LE VICOMTE.

Pauvre monde ! il met sa gloire et son esprit à s'initier aux actions d'autrui ; il en proclame avec joie ce qui en est malveillant, sans s'apercevoir qu'il s'outrage lui-même. (*Il sonne.*)

FRANÇOIS.

M. le vicomte a sonné.

LE VICOMTE.

Vous direz à M. le général que je suis sorti. (*A part*) Allons puiser du courage et de la force au sein de l'amour.

Fin du premier acte.

ACTE II.

SCÈNE PREMIÈRE.

VÉRONIQUE, GUILLEAUME.

VÉRONIQUE, *un plumeau sous son bras*.

Ce pauvre M. Guilleaume, qui s'avise d'être amoureux ;

ah ! le pauvre homme, qui oublie ses cheveux blancs. (*Ti-*
rant une lettre de sa poche) Un homme à son âge, écrire de
pareilles choses à une jeune demoiselle. (*Lisant*) « Made-
« moiselle, mon cœur est un four brûlant qui consume
« mon être et terminera mes jours dans la douleur ; vous
« seule pouvez éteindre la flamme qui me dévore. Ne soyez
« pas insensibles aux tourments qui deviendraient funestes
« à ma vie. C'est à genoux que j'implore votre miséricorde.
« Daignez me prendre en pitié : répondez à mon amour. »
(*Parler.*) Voici des paroles qui pourraient être senties si elles
n'étaient dictées par un homme respectable. (*Elle époussette.*)

GUILLEAUME, *tenant une pince à frotter les appartements, à part.*

Mademoiselle Véronique ! elle a peut-être lu ma lettre.
Allons au devant. (*Haut.*) Mademoiselle.

VÉRONIQUE.

Tiens, c'est vous, Monsieur Guilleaume.

GUILLEAUME, *troublé.*

Oui. Mademoiselle, c'est moi ! c'est moi qui... (*A part.*)
Ma langue ne veut pas tourner.

VÉRONIQUE.

Vous êtes donc malade, Monsieur Guilleaume ?

GUILLEAUME, *embarrassé.*

Moi, non... c'est-à-dire je souffre beaucoup.

VÉRONIQUE.

C'est sans doute la vue qui s'affaiblit ; il faut mettre des
lunettes, Monsieur Guilleaume.

GUILLEAUME, *soupirant.*

Oh ! ce n'est pas la vue ; c'est un endroit plus sensible.

VÉRONIQUE.

Alors il faut consulter le docteur.

GUILLEAUME, *à part.*

Elle n'a pas lu ma lettre! du courage! *(Haut.)* Il n'y a pas de docteur qui puisse me guérir, car celle qui afflige mes jours peut seule me rendre la santé.

VÉRONIQUE.

Seriez-vous amoureux, Monsieur Guilleaume?

GUILLEAUME.

Si je suis amoureux, eh bien! oui. J'aime, j'adore, je brûle. — Une irruption volcanique qui me dévore, qui me dessèche et va me réduire comme un squelette incessament.

VÉRONIQUE, *riant aux éclats.*

Ah! ah! ah! pauvre Monsieur Guilleaume! Mais cet objet est peut-être éloigné de vous,

GUILLEAUME, *avec feu.*

Éloigné! quand je le vois sous mes yeux, quand je n'ai plus qu'un pas à faire pour tomber à ses genoux et implorer son amour :

> Je n'aime que toi,
> Belle Véronique;
> Seul espoir pour moi
> Dans ma vie unique.
> Réponds dès ce jour,
> Calme ma souffrance;
> Sois mon seul amour,
> Sois mon espérance.   } *(bis)*

L'ange consolateur de mon désespoir, sois la reine de mes beaux jours!

VÉRONIQUE.

Comment, Monsieur Guilleaume, c'est à ce point! Je suis bien désolée, mais un pareil aveu demande à réfléchir, et je ne puis y répondre encore.

GUILLEAUME.

Réfléchissez, bel astre, mais n'oubliez pas que je dépéris tous les jours. *(Il entre à gauche.)*

VÉRONIQUE, *riant.*

Ah ! ah ! par exemple, jamais on ne croira qu'un pareil bonhomme aie autant d'audace ! Il peut bien brûler, ce n'est pas moi qui chercherai à l'éteindre.

SCÈNE II,

VÉRONIQUE, FRANÇOIS, GUILLEAUME.

FRANÇOIS.

Charmante Véronique, recevez mes compliments. *(Il s'incline.)*

VÉRONIQUE.

Dites donc, Monsieur François, on m'a dit que M. le vicomte allait se marier.

FRANÇOIS.

J'ai eu l'honneur d'apercevoir sa fiancée.

VÉRONIQUE.

Ah ! est-elle jolie ?

FRANÇOIS.

Les goûts sont bizarres ; mais il est certain qu'elle ne serait pas du mien.

VÉRONIQUE.

Monsieur doit bien souffrir : un si joli garçon !

FRANÇOIS.

Je ne croyais pas que Mademoiselle Véronique remarquait si bien les physionomies.

VÉRONIQUE.

C'est tout simple : vous, par exemple, Monsieur François, voudriez-vous passer pour être laid, lorsque vous savez qu'il en est autrement ?

FRANÇOIS.

Je suis charmé que mon physique vous plaise, charmante
Véronique; mais je serais encore plus heureux s'il vous
appartenait.

VÉRONIQUE.

Ah ! Monsieur François, ce n'est pas bien de plaisanter
ainsi.

FRANÇOIS.

Plaisanter ! mais pas du tout; et la preuve. *(Il l'embrasse.)*

GUILLEAUME *est entré avec ses instruments; il pousse un grand cri et
s'évanouit sur la scène.*

(François et Véronique s'enfuient.)

SCÈNE III.

GUILLEAUME, POINCILLAU.

POINCILLAU, *le chapeau à la main, s'adresse à Guilleaume.*
M. le général est-il visible?

GUILLEAUME, *se lève, saisit sa pince, s'élance sur Poincilleau et le
frappe.*
Brigand ! scélérat ! tiens ! *(Il le poursuit.)*

POINCILLAU.

Monsieur ! Monsieur ! je ne vous ai rien fait !

GUILLEAUME, *furieux.*

Point de pardon ! tu m'as trahi ! il faut que tu meures...
(Il le frappe.)
POINCILLAU, *après avoir fait le tour de la scène, sort par la porte en
criant :*
Au secours! à l'assassin ! au meurtre ! *(Son chapeau est
resté sur la scène et se trouve écrasé.)*

(Guilleaume le poursuit.)

SCÈNE IV.

LE GÉNÉRAL, FRANÇOIS, POINCILLAU, VÉRONIQUE.

LE GÉNÉRAL.

Eh bien ! eh bien ! *(Il ramasse le chapeau, et sonne.)*
(François paraît.)

Me direz-vous ! Quel est ce bruit, Monsieur ?

FRANÇOIS.

Monsieur le général, c'est Guilleaume; je crois qu'il est fou ! Il vient de jeter un seau d'eau au visage de la cuisinière, et il poursuit un Monsieur dans la cour de l'hôtel !

LE GÉNÉRAL.

C'est peut-être un voleur...; le chapeau *(A François.)* Emparez-vous de cet homme; amenez-le pieds et poings liés !

(François sort en courant.)

Il y a des malfaiteurs dans ce Paris, qui sont d'une audace sans exemple, et je ne serais pas fâché d'en rosser un d'importance !

(François a placé la chapeau déformé sur la tête de Poincillau ; il lui tient les mains, et le pousse avec force sur la Scène.)

FRANÇOIS.

Allons, canaille, avance !

POINCILLAU.

Mais puisque je vous dis...

FRANÇOIS.

Allons, point de réplique !

LE GÉNÉRAL *s'élance sur Poincillau, le saisit au col.*

Coquin, tu me diras ce que tu as volé !

POINCILLAU, *tremblant.*

Mais je n'ai rien volé, Monsieur le général. Par exemple!
moi, Poincillau, un de vos amis...

LE GÉNÉRAL, *le secouant.*

Poincillau..., tu mens, misérable!

POINCILLAU, *pleurant.*

Je vous le jure, Monsieur le général, sur ma tête! Je suis
Poincillau, votre ami! (*Il relève sa chevelure.*)

LE GÉNÉRAL *se jette à son cou.*

Ce cher Poincillau! c'est pourtant bien lui!

POINCILLAU, *ému.*

Oui, oui, c'est moi, c'est moi! Ah! je n'en puis plus! (*Il
se laisse aller sur un fauteuil.*)

LE GÉNÉRAL *menace François.*

Me direz-vous ce que tout cela signifie?

POINCILLAU.

Ah! le brigand, comme il frappait; il m'a rompu les
côtes!

LE GÉNÉRAL, *à François.*

Répondrez-vous?

FRANÇOIS.

Moi, je ne le puis, Monsieur le général; mais demandez à
Mlle Véronique.

LE GÉNÉRAL.

Courez me la chercher, car je veux savoir... Ce pauvre
Poincillau, moi qui le méconnaissait! Après cela, aurais-je
pu me douter que ce fût lui?

SCÈNE V.

LES MÊMES, VÉRONIQUE.

VÉRONIQUE. *Ses vêtements sont en désordre ; elle a le visage ruisselant d'eau.*

Monsieur le général désire me parler ?

LE GÉNÉRAL, *l'apercevant.*

Ah ça ! c'est donc le diable qui est descendu dans ma maison ?

VÉRONIQUE.

C'est M. Guilleaume ! Je crois bien qu'il est atteint de folie ; car après m'avoir déchiré mes vêtements, et lancé de l'eau au visage, il s'est enfui dans la rue, et frappait tous les passants !

LE GÉNÉRAL.

Il faut qu'il soit enragé ! (*A Véronique.*) Gardez-vous bien de le laisser entrer !

(*Véronique sort.*)

(*A Poincillau, avec défiance.*) Il ne vous a pas mordu, mon cher ?..

POINCILLAU.

Il n'y a que de ses dents dont je suis gratifié ; mais, pour les coups de pince... (*Il frotte ses épaules.*) Aie !..

LE GÉNÉRAL *le prend par le bras.*

Venez, mon respectable ami ; nous allons étancher vos plaies !

SCÈNE V.

FRANÇOIS, POINCILLAU, LE GÉNÉRAL.

FRANÇOIS.

Je ne suis pas fâché que le futur beau-père ait repris ma

place ! (*Il range le salon.*) Ah ça, que diable pouvait-il avoir ce furieux Guilleaume?.. (*Il ramasse la lettre.*) Tiens, une lettre! (*Il lit.*) «Signé Guilleaume..», je ne m'étonne plus, la fureur, le désespoir... Aussi, où diable a-t-il la tête; un homme à son âge, être amoureux d'une jeune fille de seize ans! oh ! oh ! oh!

LE CÉNÉRAL, *dans la coulisse.*

Vous ferez bien attention que ce furieux ne revienne dans ma maison! Il vous mordrait, et c'est un mal qui se communique !

FRANÇOIS.

Soyez tranquille, Monsieur le général ! (*Il sort.*)

POINCILLAU *a ajusté ses vêtements.*

Je m'estime très heureux qu'il ne m'ait pas mordu ! Quelle terrible maladie! il écumait de rage !.. (*Au général.*) Voyez, Monsieur le général, comme il est difficile de prévoir le danger! Me serais-je attendu à pareille réception !

LE GÉNÉRAL.

Eh ! mon cher, il faut s'attendre à tout; nous ne sommes pas invulnérables ! La mort n'est pas toujours au milieu du danger; combien de soldats ont affronté la mitraille, et se sont joués de leurs ennemis? Et, pourtant, l'on a vu de ces guerriers si fiers, mourir malheureusement ! Pouvons-nous prévoir notre destinée? Ne sommes-nous pas un jouet dans la main de celui qui gouverne ?..

POINCILLAU.

Cela est bien vrai! Et vous, Monsieur le général, vous n'êtes pas sans vous dire . Se peut-il que je sois encore là ?....

LE GÉNÉRAL

Eh bien ! oui, j'ai affronté mille dangers ; mon corps fut foulé, sous les pieds de nos ennemis, sur un champ de carnage , privé de mes sens ! et pourtant, malgré tout , me voici !

POINCILLAU.

Ayant gagné la superbe épaulette de général !

LE GÉNÉRAL.

Officier du grand Empire ! serviteur du dictateur de l'Europe, de cet illustre conquérant ! Quel honneur, Poincillau, d'avoir servi le grand Napoléon !

POINCILLAU.

Hélas ! si tous avaient eu des sentiments comme les vôtres, quelle fortune pour la France !

LE GÉNÉRAL.

Il y avait des traîtres parmi nous ; ils ont pleuré leur faute, car la postérité les couvre de honte !

> Pour la patrie, ami, au pas sévère,
> A concourir tous à la secourir ?
> Chaque Français devrait combattre en frères ;
> Pour elle, enfin, ne doit-on pas mourir?
> Les insensés qui ont vendu la France,
> Et renié ses glorieux drapeaux,
> L'histoire est là, faisant la récompense ;
> Pour nous, soldat, pleurons sur leurs tombeaux ! *bis.*

Oui, pleurons sur ces maux à jamais irréparables ! Ils ont enseveli leur gloire pour éterniser l'opprobre et le deshonneur ; ils ont vendu leur bienfaiteur; ils l'ont livré à la vengeance d'une nation criminelle !

POINCILLAU.

Hélas ! général, tout cela est bien triste; mais que faire?
votre bras, ma fortune..., deviennent impuissants contre
une coalition européenne ; nourrissons nos esprits dans
l'avenir ! Le flambeau de la haine s'éteindra comme une
torche consumée ; un doux zéphir du Nord soufflera sur ce
sol; il rafraîchira les cerveaux, et l'enfant du plus grand
des monarques viendra sauver la patrie ! Tenez, général, il
me semble que je verrai ce jour.

LE GÉNÉRAL *lui frappant sur l'épaule.*

Bravo, Poincillau, j'aime à vous voir causer ainsi.

POINCILLAU *se lève.*

Eh ! mais, j'oubliais que vous devez à ma visite un moment d'entretien, dans l'avenir de nos enfants...

LE GÉNÉRAL.

Je donne à mon fils l'honneur d'un nom qui s'est illustré
dans plus de cent combats ; il fut la terreur de ses ennemis,
et la gloire de sa nation. Tant qu'à la fortune, je ne m'en
suis jamais occupé...

POINCILLAU.

Un brave comme vous ne songeait qu'à vaincre ; mais
vous conviendrez qu'un peu d'argent ne nuit pas, et, par
conséquent, je donnerai à nos enfants un beau million
de francs.

LE GÉNÉRAL.

Cher Poincillau, votre générosité est digne d'un héros...

POINCILLAU.

Ainsi donc, général, il n'y a plus d'obstacles ?

LE GÉNÉRAL.

Je réponds de mon fils...

POINCILLAU.

A ce soir l'entrevue...

LE GÉNÉRAL.

A ce soir... (*Fausse sortie.*)

SCÈNE VI.

LES MÊMES, GUILLEAUME, DEUX PERSONNAGES, FRANÇOIS.

CHŒUR.

Il paiera,

Le scélérat,

Les poëlons et fourchettes ;

Les soufflets, les mouchettes ;

Il marchera,

Oui il suivra !

POINCILLAU, *effrayé.*

Prenez bien garde qu'il ne morde ,

Cet homme-là est enragé...

LE GÉNÉRAL.

Pour lui soin le plus commode,

C'est, à l'instant, de l'égorger !

GUILLEAUME *fait de violents efforts, et court à Poincillau.*

Au secours, Monsieur, ils veulent m'égorger !

POINCILLAU *se cache.*

Cet homme est effrayant...

LE GÉNÉRAL, *à Guilleaume.*

Puisque tu n'es pas enragé, ponrquoi as-tu frappé mon ami Poincillau ?

GUILLEAUME.

Dam..., Monsieur le général, il embrassait Melle Véronique !..

LE GÉNÉRAL.

Comment, vous..., Poincillau..., embrasser ma domestique !..

POINCILLAU.

Le malheureux est fou !

LE GÉNÉRAL.

Tu mens, misérable ! mais je te chasse à l'instant:

GUILLEAUME.

J'en suis bien aise! Signez cette feuille...

LE GÉNÉRAL *lui prend.*

Mauvais sujet...

GUILLEAUME.

Je ne suis pas fâché de quitter un maître qui veut m'égorger !

LE GÉNÉRAL, *ouvrant la feuille.*

Que vois-je?.. Guilleaume Poincillau...

POINCILLAU, *s'approchant.*

Est-ce que ça ne serait pas mon estimable Vendéen ? (*Il prend la feuille et la parcourt.*)

GUILLEAUME.

Grosse infamie de Véronique !.. (*Il pleure.*) Hi! hi... hi...

POINCILLAU, *lisant.*

Né à Vannes, département du Morbihan ; fils de François Poincillau, et de Jeanne. C'est mon frère !.. (*Il lui saute au cou.*)

GUILLEAUME.

Vous m'avez trahi... Retirez-vous, je vous maudis !

POINCILLAU *pleure.*

Hi, hi, hi, mon frère me maudit !

LE GÉNÉRAL.

Ah ça, quelle diable de comédie jouent-ils ?

FRANÇOIS.

Eh bien! Monsieur le général, vous allez tous savoir :

M. Guilleaume Poincillau est amoureux de Melle Véronique.
La preuve, lisez cette lettre... (*Il lui donne.*) Et, me voyant
approcher de cette demoiselle, la jalousie lui a fait perdre
connaissance; moi, je me suis sauvé, voyant bien qu'à son
retour la bombe éclaterait. Le hasard a voulu que ce soit
M. Poincillau, son frère, qui reçoive les éclaboussures.

LE GÉNÉRAL.

Où diable avait-il la tête, ce Guilleaume?

GUILLEAUME, à Poincillau.

Comment ce ne serait pas toi? Oh ! mon frère! (*Il se
jette à son cou.*)

CHŒUR.

Moment plein de bonheur,

Plein de douceur!

Mon chagrin cesse

Dans mon ivresse,

Et sa tendresse

A réjoui mon cœur!

POINCILLAU.

Cher ami, il y a vingt ans que tu m'es ravi; mais, pour te
prouver que je t'aime encore, je donne cent mille francs de
dot à ta charmante Véronique !

LES DEUX HOMMES.

Et nous, qui paiera nos poëlons ?

POINCILLAU, tirant sa bourse.

Tenez, remerciez la Providence !

LES DEUX HOMMES.

Merci, Monsieur, vous êtes bien honnête !

POINCILLAU.

J'emporte avec moi l'espérance

Dans un moment de vous revoir !

LE GÉNÉRAL.

Poincillau, faites diligence ;
Avec mon fils ici ce soir !

ACTE III.

SCÈNE Ire.

LE GÉNÉRAL, LE VIEUX SERGENT, OLYMPE.

LE GÉNÉRAL.

Bientôt, ma tâche sera accomplie ; je verrai mon fils avec
un nom brillant et de la fortune. Quel avenir ! J'étais bien
loin d'y songer il y a trente ans !

FRANÇOIS.

Monsieur le général, le vieux sergent...

LE GÉNÉRAL.

Faites entrer ; le gaillard est à l'ordre !

LE SERGENT.

Mon général, j'ai découvert le nid...

LE GÉNÉRAL.

Ah ! ah !

LE SERGENT.

J'ai déniché la mère... et l'petit...

LE GÉNÉRAL.

Quoi, morbleu ! un enfant ?

LE SERGENT.

Qui n'est pas plus haut que ma botte ; mais tout gentil ;
y coure comme un petit lapin : c'est tout le portrait du
père...

LE GÉNÉRAL.

Voici le roman dévoilé ! Une petite maîtresse gentille, à
qui l'on insinue des espérances. On la caresse, on flatte sa
vanité, et, en même temps, on lui ravit l'honneur. Plus

tard, on l'abandonne, en s'applaudissant de sa conquête !

LE SERGENT.

Mon général, j'ai pensé que vous prendriez plaisir à les voir ; j'ai fait défiler la garnison avec moi.

LE GÉNÉRAL.

Faites entrer la mère...

(*Le sergent sort.*)

LE GÉNÉRAL.

Nous allons voir les larmes couler, on aura été séduite, victime d'une perfidie qui a abusé de la faiblesse. Oh! oh! voilà bien le caractère romanesque.

LE SERGENT.

Par ici, Madame, voici votre oncle de la Chine.

LE GÉNÉRAL.

Approchez mon enfant. (*Il fait signe au sergent de sortir*).

OLYMPE, *à part*.

Cette figure m'est inconnue.

LE GÉNÉRAL.

Vous êtes étonné, mon enfant, de vous trouver seule avec un cavalier de triste mine. (*Avec ironie*). N'ayez pas d'inquétude, on respectera votre vertu. (*D'un air sérieux*) Je désire m'entretenir avec vous, car aujourd'hui je m'intéresse à votre personne.

OLYMPE.

Monsieur je vous saurai gré de l'intérêt que vous me témoignez.

LE GÉNÉRAL, *parcourt la scène*.

Quelle est votre famille ?

OLYMPE.

Hélas, Monsieur, je ne puis vous en donner que de faibles détails ; j'ai eu le malheur d'être abandonnée très jeune, mais des personnes charitables se sont intéressées à moi et ils découvrirent que mon père était capitaine dans un régiment de la garde, qu'il reçut la mort dans la bataille de Marengo.

LE GÉNÉRAL.

Et votre mère?

OLYMPE.

J'avais cinq ans, Monsieur, lorsque ma mère me fut ravie, je n'eut pas longtemps le bonheur de recevoir ses tendres caresses.

LE GÉNÉRAL.

Quel est le nom de votre père?

OLYMPE.

Il se nommait Perrin, il était capitaine aux dragons de la garde impériale.

LE GÉNÉRAL.

J'ai connu ce brave, je me rappelle en effet qu'il trouva une mort glorieuse au champ-d'honneur; il est à regretter qu'un nom qui s'est couvert de gloire, soit ternit par ses descendants.

OLYMPE.

Comment, Monsieur?

LE GÉNÉRAL.

Oui, jeune fille, votre père consacra avec générosité son existence pour sauver la patrie du joug de l'intrigue et de l'oppression. Votre père après un si noble sacrifice, ne méritait pas que son indigne enfant ose souillier son honneur, qu'une jeune fille dénaturée ternisse la vertu d'un guerrier, en jouant l'amour avec un jeune homme de distinction; une intrigante enfin. Il est à plaindre votre père, car il ne peut vous chatier, il ne peut vous faire rougir de votre ignominie; que pensez-vous devenir désormais dans la société? Espérez-vous faire oublier votre conduite scandaleuse? Non, vous n'êtes pas digne de la charité des honnêtes gens.

OLYMPE.

Oh ! Monsieur, me juger ainsi.

LE GÉNÉRAL.

Je sais parbleu bien ce que vous pouvez objecter, mais toutes vos raisons ne peuvent être en votre faveur. Pouvez-vous vous excuser d'avoir mis au monde un être, innocent fruit d'un amour coupable. Cette innocente créature sera désormais privée d'un nom, l'opprobre de sa mère rejaillira sur sa tête. Cependant il ne demandait pas à naître, et il ne croit pas en grandissant sous vos baisers, qu'il lui faudra rougir. Plus tard, son cœur brisé par la douleur, ne pourra respirer que haine et mépris pour l'auteur de ses jours.

OLYMPE.

Mon dieu ! mon dieu ! je suis bien coupable.

LE GÉNÉRAL.

Vous avez par le prélude de vos grâces, séduit un jeune homme de bonne famille ; vous aviez sans doute conçu la folle espérance, qu'enivré de vos charmes il oublierait son nom pour satisfaire votre ambition. Vous avez cru qu'il était permis d'oublier les devoirs précieux que la société impose à un homme d'honneur. Que l'on pourrait perdre l'amitié d'un père pour devenir ce que vous appelez sincère ; singulier calcul qui vous fait peu d'honneur.

OLYMPE.

De grâce, Monsieur, ne me jugez pas sans m'entendre. Seule, abandonnée dans un monde inconnu pour moi, je fus surprise par des sentiments qui m'étaient étrangers. Je m'efforçais de les éloigner de mon pauvre cœur, mais ce fut en vain. La nuit, le jour, j'étais sans cesse agitée par le son de cette voix qui avait éveillé les émotions de mon âme. Bien des fois je voulu éloigner de mon esprit ces pensées dange-

reuses, mais je n'en avais pas la force ni le courage ; je voyais
celui que j'aime à mes pieds, jurant qu'il allait mourir si
je refusais de l'entendre ; ce désespoir me faisait frémir. Un
jour, Monsieur, un jour fatal, il redoubla d'ardeur son esprit
dans le délire n'eut plus de pitié ; il fut sourd à mes prières
et moi je succombai. *(Pleurant)*.

> Oui, Monsieur, j'étais sans défense,
> Seule en ce monde et sans appui ;
> Et moi remplie de l'innocence
> Mon cœur s'émeut près de lui.
> Souvent je me jetais en larmes
> A ses genoux pour le prier,
> Mais il fut sourd à mes alarmes
> Il était muet et sans pitié.

Mon dieu ! mon dieu ! faites-moi mourir.

ERNEST, *enfant de quatre ans, descend la scène, embrasse sa mère.*

Tu pleurs, petite mère? (*Au général*) Méchant, qui fait du
chagrin à maman.

LE GÉNÉRAL, *ému.*

Ce pauvre enfant, il n'est pourtant pas coupable. (*A Olympe*)
Allons ma fille, pas de faiblesse, consacrez ces larmes à la
tendresse de votre fils ; car c'est à lui désormais que vous
vous devez. Soyez donc bonne mère et je ne vous oublierai
pas ; malgré mon air terrible, j'ai un cœur comme le votre
il ne vous sera pas insensible si vous suivez mes volontés.

LE GÉNÉRAL.

OLYMPE.

Ordonnez, Monsieur, pour mon fils je vous obéirais.

LE GÉNÉRAL.

Eh bien, mon enfant, il faut vous disposer à quitter Paris.
Je vais vous assigner le lieu de votre résidence, mais avant

tout il faut me jurer que vous renoncez pour toujours à un amant qui désormais, ne peut que vous affliger.

OLYMPE.

Pour mon enfant, Monsieur, je le jure.

LE GÉNÉRAL.

Vous ne contracterez pas d'hymen avant que votre fils eut atteint l'âge de douze ans, après vous serez libre. Car je prends sur moi de diriger ses facultés, vous jouirez d'une pension de 1500 francs. (*Il tire l'oreille à l'enfant*) Et toi, mon bonhomme, obéit bien à ta petite maman.

OLYMPE, *en larmes.*

Adieu, Monsieur, je ferai tous mes efforts pour me rendre digne de vos bienfaits. (*Ils sortent*).

LE GÉNÉRAL.

Ces pauvres enfants, leur malheur me fait de la peine. C'est pourtant à mon scelérat de fils que je dois ces tribulations, pourvu qu'il n'en est pas d'autres.

FRANÇOIS.

Monsieur et Mademoiselle Poincillau.

LE GÉNÉRAL.

Faites entrer. (*A François*) Sonnez monsieur le Vicomte.

SCÈNE II.

LE GÉNÉRAL, POINCILLAU, GUILLEAUME, LE VICOMTE, LE MARQUIS, FRANÇOIS, ERNESTINE.

POINCILLAU.

Monsieur le général, je vous présente mademoiselle Ernestine Poincillau, ma fille.

ERNESTINE.

Fait la révérence.

LE GÉNÉRAL.

Enchanté, Mademoiselle, de votre aimable visite. (*A part*) Elle n'est pas des mieux, mais il y a beaucoup plus mal, après tout un million.

GUILLEAUME, *à Poincillau.*

Vous n'oublierez pas, mon frère, de demander pour moi la main de ma Véronique.

POINCILLAU.

Calmez votre douleur et comptez sur mon crédit.

ERNESTINE, *à Poincillau.*

Papa, où donc ce Monsieur?

POINCILLAU.

Patience, mon ange, patience.

FRANÇOIS.

Monsieur le Vicomte de Chambord.

LE VICOMTE, *salut.*

Mademoiselle, je vous présente mes respects.

FRANÇOIS.

Monsieur le marquis de Chambri.

LE MARQUIS, *enjoué présente une rose à Ernestine.*

Cette fleur à votre coté,

Est la seconde éclose.

J'ajoute à la beauté,

Une plus simple rose.

(*A part*).

Je ne suis pas faché de pouvoir me venger.

LE GÉNÉRAL.

Allons vite à table,

Fêtons dès ce jour

L'hymen respectable

Qu'il soit sans retour.

(*Ils sortent.*)

SCÈNE III.

FRANÇOIS, VÉRONIQUE.

FRANÇOIS.

Maudit soit Poincillau, et maudit soit son frère, et plus encore son or. Oh ! je reconnais aujourd'hui les paroles de M. le Vicomte.

VÉRONIQUE.

M. François, M. Poincillau veut me faire épouser son frère, il me promet un avenir doré, mille choses tentatrices.

FRANÇOIS.

Et vous avez accepté.

VÉRONIQUE.

Sachez, Monsieur, que je vous ai donné mon cœur. Vous m'avez promis le bonheur, soyez fidèle à votre serment comme je le serais au mien.

FRANÇOIS, *l'embrasse.*

Bonne Véronique.

(*On sonne. Ils sortent.*)

SCÈNE IV.

LE VICOMTE, LE SERGENT, FRANÇOIS.

LE VICOMTE.

On voudrait consommer le sacrifice ; oh ! mais cela ne sera pas, j'aurai du courage.

FRANÇOIS, *annonce.*

Le vieux sergent.

LE VICOMTE.

Faites entrer.

LE SERGENT, *pâle.*

Monsieur le Vicomte, je vais vous apprendre une triste nouvelle. La pauvre Olympe va bientôt mourir.

LE VICOMTE

Mourir Olympe, oh ! cela ne se peut. Mon Dieu, (*il lève les mains au ciel*) mon Dieu, prenez pitié de moi.

LE SERGENT.

Pauvre jeune homme, comme il aime, et dire que c'est moi qui a fait la boulette, gueux que je suis.

LE VICOMTE.

Ami, je vais près de celle qui m'est chère, ma voix l'arrachera du sommeil de la mort, nous serons heureux, ou cette maison portera mon deuil ; adieu. (*Il sort*)

LE SERGENT.

Brigand que je suis, je mériterais d'être étranglé.

SCÈNE V.

LE GÉNÉRAL, LE SERGENT.

LE GÉNÉRAL.

Mon fils, où est mon fils ?

LE SERGENT, *croise les bras.*

Votre fils, Monsieur, vous ne le verrez peut-être plus.

LE GÉNÉRAL.

Mordieu ! je suis trahi ! (*Allant au sergent.*) Allons, parle, si tu sais

LE SERGENT.

Espérez, Monsieur le général ; encore quelques instants. (*Il remonte la scène.*) Oui, j'aperçois... c'est... c'est eux... Pauvres enfants, comme ils marchent !

LE GÉNÉRAL.

Eux ! je suis trahi !

SCÈNE VI.

LE GÉNÉRAL, LE VICOMTE, OLYMPE, ERNEST. POINCILLAU. LE MARQUIS, FRANÇOIS. VÉRONIQUE. ERNESTINE. GUILLEAUME.

(Le Vicomte, Olympe, pâles, entrent par le fond.)

LE GÉNÉRAL, *à Olympe.*

Sortez... sortez de chez moi.

(Olympe fait un mouvement.)

LE VICOMTE.

Pas encore, Monsieur ; j'ai besoin de vous parler en sa présence.

LE GÉNÉRAL.

Je ne veux rien entendre, et la présence de cette fille est une insulte à ma maison.

LE VICOMTE.

Quoi, Monsieur ! vous n'aurez pas pitié de cette jeune fille ? Vous voulez être son bourreau !

LE GÉNÉRAL, *furieux.*

Qu'elle sorte à l'instant !

LE VICOMTE.

Eh bien ! Monsieur, puisque sa douleur ne peut vous émouvoir ; puisque les prières de votre fils sont vaines, un double crime pèsera sur votre tête. Je prends Dieu pour témoin. *(Il arme un pistolet.)*

LE GENERAL *saisit l'arme.*

Malheureux ! me déshonorer !...

LE VICOMTE.

Mon père !... mon père !.,. laissez-moi mourir.

LE GENERAL.

Mourir !... toi, mon enfant ! non, tu vivras,.. *(Il l'embrasse)*

FRANÇOIS.

Monsieur et Mademoiselle Poincillau !

POINCILLAU, *à Ernestine.*

Voyez, ma fille, comme ce jeune homme aime son père ! réjouissez-vous de le posséder.

GUILLEAUME.

Et ma fiancée ?

POINCILLAU.

Voici l'instant qui doit calmer vos angoisses.

LE GÉNERAL.

Messieurs et Demoiselles, vous êtes invités d'assister demain aux fiançailles de M. le vicomte de Chambord et de Mlle Olympe Perrin,..

LE VIEUX SERGENT.

Bravo !...

POINCILLAU *et* ERNESTINE, *tombant dans un fauteuil.*

Ah !...

VÉRONIQUE *traverse la scène.*

Et moi, voici mon époux ! (*Elle prend la main de François.*)

(*Guilleaume tombe évanoui.*)

LE MARQUIS, *à part.*

Tant mieux !... je pourrai peut-être... Un million... hum !...

(*Le Vicomte et Olympe embrassent le général.*)

FIN.

NAPOLÉON Ier.

Je sortais du néant ;
Bientôt, par ma vaillance,
Je devins conquérant,
Et sauveur de la France !
J'ai reçu des lauriers ;
On couronna ma tête,
Tribut des grenadiers,
Et prix de la conquête !
Alors l'aigle romaine

Vint défier l'univers,
Triompher de la haine,
Et venger les revers !
Glorieuse phalange,
On te vit conquérir
Dix années sans mélange
D'un heureux avenir !
Car ta foudre effroyable
Partout donna l'émoi ;
Plus d'un roi redoutable
En fut glacé d'effroi !
Mais un jour de tristesse,
D'infâme trahison,
L'hiver et la détresse
Ont terni mon blason !
Oh ! douleur de ma vie !
Mon trône est renversé !
Proscrit de ma patrie,
Mon corps devait s'user !
Viens, mon heure dernière,
C'est toi mon seul bonheur ;
Mes os, dans la poussière,
Y trouveront l'honneur !

Paris Vaugirard, imp. Aubry, rue de l'Eglise, 6.

LE SENTIER DE LA VIE.

Aimez-vous ici-bas ! ce sont là des paroles
Qui rendent l'homme heureux, les pauvres les consolent.
La vie est un sentier qui doit se parcourir
Sans chercher d'ambition ni rive d'avenir.
Soulageons avant tout la débile vieillesse,
Nos frères affligés, l'enfant dans la détresse !
Être riche insolent est un crime audacieux
Qui ulcère son âme et lui ferme les cieux.
A tous, prêtons la main ; puis on verra l'histoire
D'un peuple généreux éterniser la gloire,
Peindre au-delà des mers le tableau de l'honneur,
La civilisation, la joie et le bonheur !

LA MORT.

Tu n'es plus ! cette chaire,
Qui faisait ton orgueil,
Repose dans la terre
Au fond de ton cercueil.
Par le poids des années,
Ton corps sera détruit
Comme des fleurs fanées,
Comme un arbre jauni !

L'herbe sera fauchée,
Et le jour doit finir ;
La chaire desséchée,
Le corps devra pourrir.
L'heure s'est fait entendre,
— Le signal du trépas, —
Tout, hélas ! doit descendre
Dans ce monde ici-bas :
La beauté n'est qu'un songe,
Les atours sont exclus,
Le sourire mensonge,
Les attraits superflus !

Félix PERDU.

Paris-Vaugirard, imp. Aubry, rue de l'Église.